# 建筑企业高质量发展研究

许　锋　刘炳海　肖凯聪　葛家君　著

U0330691

中国建筑工业出版社

图书在版编目（CIP）数据

建筑企业高质量发展研究 / 许锋，刘炳海，肖凯聪，葛家君著 .— 北京：中国建筑工业出版社，2018.12

ISBN 978-7-112-22932-1

Ⅰ．①建… Ⅱ．①许… ②刘… ③肖… ④葛… Ⅲ．①建筑企业 - 工业企业管理 - 研究 Ⅳ．① F407.9

中国版本图书馆 CIP 数据核字（2018）第 258248 号

本书以中共十九大精神为主线，以新时代中国特色社会主义思想为指导，全面阐述了中国建筑企业高质量发展中的 21 个基本问题，为中国建筑企业高质量发展提供了可靠的依据，并可作为建筑企业高质量发展管理者的教材。

责任编辑：张礼庆
责任校对：王 烨

**建筑企业高质量发展研究**

许 锋 刘炳海 肖凯聪 葛家君 著

\*

中国建筑工业出版社出版、发行（北京海淀三里河路9号）

各地新华书店、建筑书店经销

北京建筑工业印刷厂制版

廊坊市海涛印刷有限公司印刷

\*

开本：850×1168毫米 1/32 印张：7¼ 字数：200千字

2018年12月第一版 2018年12月第一次印刷

定价：**39.00**元

ISBN 978-7-112-22932-1

（33035）

# 目　录

# 绪　　论

　　建筑企业高质量发展研究是处在我国经济已由高速度发展阶段转向高质量发展阶段的关键性时期，这个主题性研究涉及我国建筑企业生存与发展的命运问题，同时关系与影响我国国民经济发展全局性问题。研究探讨建筑企业高质量发展不仅具有现实意义，还有历史意义；不仅具有行业意义，还有社会意义。应该说，研究建筑企业高质量发展意义重大，作用非凡。

　　研究建筑企业高质量发展，我们始终是以习近平新时代中国特色社会主义思想为主线，以我国现行党政方针政策为依据，借鉴国内外建筑经济发展、经济管理经验，结合我国建筑企业经济管理问题进行深度研究，探寻我国建筑企业高质量发展战略及基本方法等，形成系统性、实用性的建筑企业高质量发展理论。

　　通过建筑企业高质量发展研究，科学界定了建筑企业高质量发展的基本特征；精辟阐述了建筑企业质速发展的基本区别；合理构设了建筑企业高质量发展的基本思路；清楚明晰了建筑企业高质量发展的基本基础；精准确立了建筑企业高质量发展的基本思想；深刻揭示了建筑企业高质量发展的基本趋向；充分把握了建筑企业高质量发展的基本命脉；艰辛寻找了建筑企业高质量发展的基本支撑；努力探索了建筑企业高质量发展基本方式；大胆变更了建筑企业高质量发展的基本管理；拓展开发了建筑企业高质量发展基本市场；多维构划了建筑企业高质量发展基本文化；超常构建了建筑企业高质量发展基本队伍；营造打拼了建筑企业高质量发展机遇；高位设置了建筑企业高质量发展基本格局；全面阐述了建筑企业高质量发展基本力点；精准构划了建筑企业高质量发展基本结构；精细安排了建筑企业高质量发展基本框架；

深度系统诠释建筑企业高质量发展基本政策，形成了新时代中国特色社会主义思想的建筑企业高质量发展战略理论体系。

一、界定了建筑企业高质量发展的基本特征。建筑企业高质量发展基本特征为经济基础高端强实性，人才团队高端强力性，管理手段高端强劲性，企业运营高端强快性，风险预控高端强化性，经营效益高端强效性。其作为贯彻落实中共十九大会议精神根本举措，是缓解我国社会主要矛盾，实现社会主义现代化基本手段，保持建筑企业持续健康发展的基本方法。目前我国建筑企业仍存在较大差距，重点是内在结构不够合理，管理制度不够完善，创新力度不够强劲，分配制度不够公平，生态文明不够到位等问题。为了推动我国建筑企业高质量发展，针对存在问题，应深化企业管理体制，完善企业管理制度，构建企业创新体系，营造生态文明氛围，筑牢风险防范围墙，保证建筑企业高质量发展。

二、阐述了建筑企业高质量与高速度发展基本区别。其区别在于发展主题本质区别，发展特征表象区别，发展目标方向区别，发展方式行为区别，发展举措力点区别，发展责任所属区别，发展利益对象区别等七个区别。

三、构设了建筑企业高质量发展基本思路，分析了建筑企业高质量发展的基本背景。主要是政治背景、国际背景、经济背景、科技背景。设置了发展内容，明晰了建筑业发展地位，解析了建筑企业发展问题，提出建筑企业发展要求，阐述了建筑企业发展举措，并从提升全员素质入手，创新能力着力，横向联盟出发。

四、强化了建筑企业高质量发展基本基础，并注重思想基础强化，把全行业及企业人们的思想统一集聚到习近平新时代中国特色社会主义思想中来，沿着企业高质量发展方向发展。注重管理基础，深化管理体制改革，建立完善管理制度，变更不合理的管理方式。强化经济基础，发挥企业营运力，增加资本，发掘民间资本，增量扩股，借用银行资本，实施资本扩张，进行企业合作，提升资本。强化团队基础，提升现存团队人员素质。与高等院校联合办学，定向培养，不拘一格引进人才。强化技术基础，突出重点领域，加大研究投入力度，包括资金投入、人才投入、管理投入等，把技术基础夯实。

五、提出了建筑企业高质量发展基本思想。以习近平新时代中国特色社会主义思想为基本，围绕建筑企业高质量发展主题，分析了思想来源于历史与多种思想集聚，突出了社会主义本质及其强基凝心的重要作用与应用方法。

六、设计了建筑企业高质量发展基本趋向。高质量发展趋向应为管理高端规范化，技术全新高端先进化，经营方式高端智能化，风险预控高端周密化，智能机械高端现代化，建筑产品高端精品化。

七、确定了建筑企业高质量发展基本命脉。确立了以建筑产品质量安全为建筑企业高质量发展命脉，并进行了定位，从质量安全整体性思考，从全过程进行定位，且进行内涵界定，分析了发展命脉中问题，主要是舒适度不高，管理措施不到位，提出了发展命脉的保障，思想重视，责任明晰，技术更新，方法转变，标准提升，惩戒加码。同时针对建筑工业装配化施工，构划了发展命脉的具体方法。

八、设置了建筑企业高质量发展基本支撑。以中国共产党领导与以企业全员力量为支撑。分析了支撑作用，其党的领导作用具有政治力、社会力、安全力、政策力、市场力。其全员作用具有生产力、创造力、技能力、维护力、信誉力。提出了如何发挥两个支撑力的具体方法，抓住政治、社会、安全、政策、市场机遇，完善考核机制，开展 QC 活动，完善民主管理制度，营造思想文化氛围。

九、探寻了建筑企业高质量发展基本方法。确立了发展的基本概念，规划立足于大布局，勘探立足于红外线技术，产品立足于工厂化生产、装配式施工、数字化管理。分析了现代化建筑建设难点，主要在于认识程度不高，技术不配套，技术能力缺乏，配套机械化不到位，基础建设投入缺失，产业链没有衔接。同时提出了实施方法，提升认识程度，注重技术研发；提升技能队伍，开发配套机械设备，强化产业链对接，实现现代化建筑技术。

十、构想了建筑企业高质量发展基本管理。提出了企业民主管理内涵，构划了民主管理手段，制定了民主管理制度，制定了民主管理程序，规范了民主管理行为，形成了现代企业模式。

十一、拓展了建筑企业高质量发展基本市场。首先进行了市场定位，并依据中共十九大精神，确立国内、国际两个市场。依据经济发展进程确立维保与物业两个产业市场。依据人民生活需要确立舒适与健康两个项目市场。依据技术水平确立一个智慧产品市场，对定位的市场进行了全面分析，根据分析构划了市场基本开拓方法，并立足于更新观念，放宽眼界，拓展市场；集聚人才，整合技术，适应市场；把握重点，主动出击，抢占市场；先易后难，各个击破，拿下市场；合纵连横，借船出海，渗入市场；积聚实力，全面进攻，统领市场；巩固阵地，持续发展，稳定市场。同时针对国外市场开拓提出了相应对策。

十二、明晰了建筑企业高质量发展基本文化。重点明晰了建筑企业高质量发展的动力文化、人才文化、管理文化、经营文化、市场文化、质量文化、安全文化、效益文化八个方面。

十三、营造了建筑企业高质量发展基本环境。提出了建筑企业高质量发展的安全的国家环境，稳定的政治环境，宽松的政策环境，规范的市场环境，可靠的经济环境，有利的自然环境，并分析了环境缺陷，针对缺陷问题，确立了营造环境具体举措。

十四、建设了建筑企业高质量发展基本队伍，确立了团队内涵，提出了管理团队、技术团队、操作团队，并提出了三个团队设置及其调整提升方法，解析了团队间关系，团队演变过程，团队构建方法，坚持满足建筑企业高质量健康发展，国际化市场竞争、建筑产业化三个原则进行构建，设置了团队建设的具体举措。

十五、解析了建筑企业高质量发展基本机遇。首先应学会认识机遇，从国家政策上认识，从社会发展问题上认识，从社会发展趋势上认识。提出发展机遇的营造，并着力营造建筑企业特别性机遇，项目特别性机遇，社会发展性机遇。策划了机遇把控技巧，从国家政策上寻找，从自然灾害中寻找，从社会发展趋势中寻找。

十六、开发了建筑企业高质量发展基本融合。确定了建筑、互联网、金融一体融合基本内涵，论述了基本作用，贯彻落实党政方针政策作用，深化建筑金融管理作用，提升建筑金融信息管理作用，设置了基本框架及基本步骤、基本举措。

十七、创造了建筑企业高质量发展基本格局。构建了基本内涵格局，建筑形体艺术化，构体生态化，系统智能化，感应舒适化。确定了基本定位，按照社会发展要求，人口增长要求，资源保护要求，环境保护要求进行定位。基本因素：理念错位，物质缺位，经济落后，技术滞后因素。基本策略：精心策划，构建组织，广泛宣传，突破意识等。

十八、拟定了建筑企业高质量发展基本力点。提出了理念转变，体制变换，市场转换，技术换代，人才提升，制度改革等具体方法。

十九、策划了建筑企业高质量发展基本结构。分析了基础结构问题与国际化竞争、现代化发展、建筑科技进步不相适应，归纳了基础结构作用，促进建筑业持续健康发展，推进产业现代化，加快科技进步，确保建筑质量安全。明确了高质量发展结构基本路径：法规制度调整，技术研发集聚，监管体系构建，人才培养集聚，企业重组优化。确立了基础保证，组织保证，思想保证，政策保证，人才保证等。

二十、制定了建筑企业高质量发展基本框架。设置了步骤分三步，确定了布局方法，过渡力点，架构蓝图，塑造形象等。

二十一、完善了建筑企业高质量发展基本政策。分析了政策变化因素，政策导向变化、市场经验、发展性质变化。构划了政策变化项目，优化资质管理，强化执业资格管理，完善信用体系，规范招投标体系。策划了变化步骤：调整、策划、试点、论证、实施等步骤。明确变化关系：建筑业发展关系，从业人员关系，质安关系，招投标关系，同时解读资质变化，总包变化，注册建造师变化等政策。

通过以上研究形成了新时代中国特色社会主义建筑企业高质量发展理论。

按照建筑企业高质量发展理论研究成果，需中国建筑业企业深刻理解，充分把握应用，发挥研究成果作用，促进我国建筑企业持续健康发展。

# 第一章　建筑企业高质量
# 发展研究概述

## 第一节　研究意义

建筑企业高质量发展是根据中共十九大报告中我国经济已由高速度增长阶段转向高质量发展阶段的科学论断而延伸定位的。建筑企业高质量发展战略研究，是贯彻落实中共十九大会议精神、中央城市工作会议精神的重要举措，是实现中华民族伟大复兴中国梦，谱写建筑企业高质量发展篇章的最佳手段，是推进我国建筑业企业坚持走中国特色社会主义高质量发展道路的根本途径。

中共十九大报告中作出了我国经济已由高速度增长阶段转向高质量发展阶段的科学论断，随后经济高质量发展这个关键词常见于会议及新闻中。长江经济带发展论坛会议上，习近平同志强调了经济高质量发展问题，全国建筑业工作会议、城市建设工作会议又以高质量发展为主题提出了要求，而建筑企业高质量发展战略研究实质正是契合了中共十九大要求及其他相关文件精神要求。贯彻落实中共十九大及相关会议精神，把基本精神融入建筑企业高质量发展战略之中，这更具有实质意义，这是我党几十年来的基本实践和经验，所以说建筑企业高质量发展是贯彻落实十九大会议精神的重要举措。

中华民族伟大复兴的中国梦，是中国各族人民的共同梦想，实现这个梦想的前提条件是具有很强大的经济基础与思想基础。而目前我国经济基础还不是很强，思想基础还存在缺失。研究建筑企业高质量发展战略，正是围绕建筑企业在高质量发展中如何发展，如何夯实经济基础，如何积聚力量，统一思想，推进产业发展，其研究主题完全与中华民族伟大复兴中国梦的目标思想相统一，所以说建筑企业高质量发展战略研究，是中华民族伟大复兴中国梦谱写建筑企业高质量发展篇章的最佳手段。

## 第二节　研究内容

中国特色社会主义思想是以人民为中心的发展思想。中国特色社会主义最本质特征是中国共产党领导。而建筑企业高质量发展研究，始终贯串习近平新时代中国特色社会主义思想，把以企业员工即人民为中心的发展思想作为主线，以强化中国共产党领导、完善党的组织建设管理体系为核心进行研究。通过研究讨论推进我国建筑业企业坚持走中国特色社会主义道路，需要一个系统比较完善的理论体系进行支撑与推进，建筑企业高质量发展战略研究是一个很好的途径。

建筑企业高质量发展战略研究是为了推进我国建筑业企业持续健康发展，是为了提升建筑业企业管理技术水平，是为了营造满足人民美好生活需要的和谐、健康、舒适、绿色、节能环保型的生活工作空间为目的。

发展是解决一切问题的基础和关键，这是新时代中国特色社会主义思想的总体任务，也是建筑企业在高质量发展中本质性追求。任何一个企业在任何情况下，均追求发展，因为企业发展意志是由人民来掌握的，而人类本质欲望是追求发展的，所以我们研究建筑企业高质量发展战略是为推进我国建筑业企业持续健康发展这个目的，符合新时代中国特色社会主义思想与中国建筑企业本质性要求。建筑企业高质量发展战略研究中以贯串推进建筑企业持续健康发展为基础进行研究。

提升是发展过程的现象反映，包括管理水平、技术水平、装备水平、文化水平、经济水平、思想水平等多种水平的提升。发展则通过提升来实现，这是相对统一关系，也是建筑企业高质量发展的基本要求，没有提升就不能发展，这是市场经济社会实践的客观规律。所以我们研究建筑企业高质量发展战略，把提升建筑企业高质量发展中的管理水平、技术水平、文化水平、思想水平作为一个重要组成部分进行研究探讨。建筑企业高质量发展研究以提升企业水平为目的，符合企业发展本质需求，符合市场经济需求。

美好是提升的结局，是发展的终极目标，也是建筑企业高质量发展战略研究的本质目的，即为了营造满足人民美好生活需要的和谐、健康、舒适、绿色、节能、环保的生活工作空间，符合中共十九大会议精神，中共十九大报告中指出我国新时代中国特色社会主义要解决人民日益增长美好生活需要和社会发展之间不平衡不充分的矛盾。同时提出新时代的发展理念是创新、协调、绿色、开放、共享，由此可见符合中共十九大会议精神。符合人民的心愿与需求，这是所有人性本质确定的，社会性本质性需求，其生活工作空间健康、舒适、节能、环保，是每一个人的需求，所以我们将营造健康舒适、节能环保的工作生活空间作为终极研究目的，并贯串在整个过程研究之中。

## 第三节　研究依据

建筑企业高质量发展研究依据：以习近平新时代中国特色社会主义思想为指导；以现行党和国家一系列方针为依据，以社会发展成功经验为参考，实施建筑企业高质量发展战略研究。

以习近平新时代中国特色社会主义思想为指导，开展建筑企业高质量发展战略研究。习近平新时代中国特色社会主义思想是对马克思列宁主义、毛泽东思想、邓小平理论、"三个代表"重要思想、科学发展观的继承和发展，是马克思主义中国化的最新成果，是党和人民实践经验和集体智慧的结晶，是中国特色社会主义理论体系的重要组成部分，是全国人民为实现中华民族伟大复兴而奋斗的行动指南，所以我们在建筑企业高质量发展战略研究中，以习近平新时代中国特色社会主义思想为依据，并根据这个思想构架企业组织管理体系，确定企业发展方向，实施市场定位等，把新时代中国特色社会主义思想贯串在研究的全过程之中。

以现行党和国家一系列方针政策为依据，开展建筑企业高质量发展战略研究：在中国社会主义制度条件下，党和国家制定的方针政策历来是提出发展方向，何种鼓励政策、限制政策，如何发展等方面，而研究建筑企业高质量发展战略，就是寻找建筑企业高质量发展中的方法、方向，不过我们所寻找建筑企业高质量发展中的方法方向与党和国家方针政策中的方法方向是不同的，党和国家方针政策是宏观的，而我们研究的建筑企业高质量发展战略是微观的，微观性研究必须以宏观政策为依据，否则就要偏离方向，不能很好发展。

以企业发展成功经验为参考，开展建筑企业高质量发展战略研究：我国市场经济已经经历了40年发展历史，在40年中，成功企业众多，失败企业众多，成功企业有其成功经验，失败企业有其失败教训，其经验与教训，都值得我国现今建筑企业在发展中吸取与利用。在建筑企业高质量发展战略研究中借用市场经济发展中的成功经验，应用于建筑企业高质量发展之中。同时借用市场经济中的教训规避或预控建筑企业高质量发展中问题，把建筑企业高质量发展战略研究深、研究透，并有所借鉴，促进建筑企业高质量发展。

在建筑企业高质量发展战略研究上，我们实质经历了三个阶段。第一阶段是中共十八大后至中共十九大召开5年中，这5年为基础研究阶段，重点研究党和国家的政策变化及建筑行业及其企业基本状态发展中问题，在5年之中我们调查了解300多家企业，跨越10多个省市自治区，编著形成了《绿色建筑项目现场管理》一书，《建筑业发展方向全新政策解读》一书，分别由中国工人出版社、中国建筑工业出版社出版，另外还撰写了20多篇论文在《建筑》《企业管理》《建筑时报》《中华建筑报》等报刊上发表。第二阶段为中共十九大召开后至2018年4月1日止，这个阶段注重学习研读中共十九大精神，并与建筑企业发展相联系，在研读中，撰写了10多篇体会文章，并在报刊上发表。第三段阶段自2018年4月1日至2018年10月间，完善研究成果，形成与读者见面的研究成果。

　　建筑企业高质量发展战略研究的主要内容是对建筑企业高质量发展的基本特征、基本区别、基本思路、基本基础、基本思想、基本趋向、基本命脉、基本支撑、基本方式、基本管理、基本市场、基本风险、基本文化、基本环境、基本队伍、基本机遇、基本融合、基本力点、基本格局、基本结构、基本政策等21个基本问题进行了探讨性的阐述。

# 第二章 建筑企业高质量发展基本特征

建筑企业高质量发展是一个新态势，是随着中国经济已由高速增长阶段转向高质量发展阶段的态势变化而变化，也就是说我国建筑企业同时也由高速发展向高质量发展转变，这个发展阶段中，我国建筑企业应具有何种发展特征，建筑企业高质量发展有何作用，目前在建筑企业从经济高速增长阶段转向高质量发展关键时期面临各种问题，如何解决发展中的问题，这是我国建筑企业高质量发展时必须研究与理解的。

## 第一节 基本定位

建筑企业高质量发展基本定位：应突出"高"字，达到企业经济基础高端强实，企业人才团队高端强力，企业管理手段高端强劲，企业运营速度高端强快，企业风险防范高端到位，企业经营利益高端高额的基本定位。

1. 企业经济基础高端强实：一般建筑企业高质量发展中，其经济基础强弱决定着建筑企业高质量发展基础能力，其建筑企业高质量发展，应拥有足额的自有流动资金，拥有配套资产设备，能够满足企业在国内外市场竞争需求，能够承担国家工程建设中的重大工程项目。

2. 企业人才团队高端强力：一般建筑企业高质量发展中，其人才团队强弱决定着建筑企业高质量发展根本能力。其建筑企业高质量发展中，应拥有高层次人才团队，解决国际一流技术难题，能够创新创造国际先进水平的技术成果，能够承担国际一流高难工程项目。

3. 企业管理手段强力：一般建筑企业高质量发展中，其管理手段应为强劲有力，并突出表现在管理制度完善性、管理方法有效性、管理措施强力性。

4. 企业运营速度高端强快：快是表现建筑企业高质量发展的特征。其快主要是经营开拓速度快，能够快速占领市场承揽工程项目，达到国际一流水平速度，工程项目施工速度快，比常规企业施工速度提高 15% 以上。

5. 企业风险防范高端强化：建筑企业高质量发展，应具有极强抗风险能力与预控风险能力。所以企业一方面防范金融、安全、质量、环保风险预案，全面细化到位，并配有相应备用保障金融风险基础，质量风险项目投保率达 100%，环保风险项目投保率达 100%，意外伤害保险覆盖全员率达 100%。

6. 企业经营利益高额：建筑企业高质量发展目的应为有高额利润，所以建筑企业发展中经济回报率应达到 20% 以上，比常规现行企业应高 8% 以上。

## 第二节　基本作用

建筑企业高质量发展基本作用：是贯彻落实中共十九大精神的根本举措，是缓解我国社会矛盾的主要途径，是实现社会主义现代化重要手段，是保持建筑企业健康发展的基本方法，其作用非凡，意义深远。

1. 贯彻落实中共十九大精神的根本举措。习近平同志在中共十九大报告中作出我国经济由高速增长阶段转向高质量发展阶段的科学论断，并用较大篇幅阐述了我国经济高质量发展的重要内涵与举措。贯彻落实中共十九大精神的根本举措在于基层，基层单位是我国经济发展的基础中的基础，由众多基层单位构建形成基础，而建筑企业则是反映国民经济建设的晴雨表，某种意义上讲，基本建设的停顿，建筑企业发展的停滞，则是经济建设的停滞，这是我国进入社会主义市场经济时代中的客观规律反映，因为建筑企业发展直接反映人民美好生活水准，直接关系到其他行业发展，相关产业发展，建筑行业是国民经济牛鼻子行业，所以建筑企业高质量发展是贯彻落实中共十九大精神的根本举措。

2. 缓解我国社会矛盾的主要途径。我国目前社会主要矛盾是人民日益增长的美好生活需要与社会发展不平衡不充分的发展之间的矛盾。特别反映在人们生活、工作环境的不平衡不充分上，具体体现在住宅和工作场所。缓解这个问题的途径主要应通过建筑企业高质量发展，建设更多满足人民美好生活需要的高端舒适、高端艺术、高端智能、高端生态的生活环境、工作环境，缓解我国社会主要矛盾。同时建筑企业高质量发展，必将缓解建筑行业、建筑企业内部不平衡、不充分的矛盾。科学合理进行企业内部分配制度改革，机械化技术化水准提升，切实缓解建筑行业劳动强度，所以建筑企业高质量发展运行是缓解我国社会矛盾的主要途径。

3. 实现社会主义现代化基本手段：社会主义现代化是特指中国特色社会主义现代化，包括工业、农业及建筑业生产方式达到国际现代化水平，科技、国防军事达到国际现代化水平，全体人民生活水准达到国际现代水平。而建筑企业高质量发展目的一方面提升企业经济效益，增加员工经济收入，另一方面提升全民生活工作环境质量，这是与实现我国社会主义现代化密不可分的。建筑行业是由若干建筑企业组成的，建筑行业社会主义现代化实现基础在于建筑企业。建筑行业是我国四大经济支柱产业，建筑行业社会主义现代化实现，则在我国实现社会主义现代中占有重要权重，实现建筑行业社会主义现代化在实现我国社会主义现代化中具有重要地位。所以建筑企业高质量发展是实现我国社会主义现代化重要手段。

4. 保持建筑企业持续健康发展基本方法：任何企业持续健康发展，均离不开国家宏观政策的政治环境，同时需要企业的内在基础，建筑企业概不例外，建筑企业高质量发展，实质是通过企业内部管理机构、管理制度、产业目标、风险防范等措施的应用，夯实企业基础，所以建筑企业高质量发展，是保持建筑企业持续健康发展的基础。

## 第三节 基本问题

中共十九大以来，我们一方面注重学习中共十九大精神，另一方面查阅了我国建筑业企业现状，并走访了部分企业。根据中共十九大精神，经济高质量发展要求，认真剖析了目前我国建筑企业，转向高质量发展仍然存在诸多问题，其企业内在结构不够合理，管理制度不够完善，创新力度不够强劲，分配制度不够公平，生态文明不够到位等基本问题。

1. 内在结构不够合理：目前我国建筑企业内在结构不够合理主要在企业管理结构、企业产业结构、企业人才结构三个方面。企业管理结构从小微企业来说，一般由私人老板进行直线型管理，甚至相关部门均未建立，更有甚者，老板独往独来，无办公地点，无办公设施，无相关人员，无经济基础，为"四无"企业。从大中企业来说，设有股东会、董事会、监事会。而股东会集中于少数人，监事会一部分为摆设，更谈不上职代会、工会及党组织，特别在我国现阶段中民营企业更为突出，我们所了解某家特级企业 5 年没有党组织负责人，没有开展过一次党组织活动。如此管理结构怎么能保证企业持续健康发展。企业产业结构：我国目前车马炮式的小微企业甚多，约占全国企业总数的 70% 以上，同时在建筑行业内 60% 企业以房屋建筑为主，房屋建筑市场萎缩，就注定这类企业停滞不前或灭亡，产业结构比例失调阻碍企业持续健康发展这是必然的。企业人才结构：目前我国建筑企业人才中偏重于行政管理人才居多，一般占企业人才数量 30% 以上。创新型技术人才偏少，小微企业空白，大中型民营企业仅占人才数量 3% 以下，高技能人才偏少，仅占人才总量 5% 以下，如此人才结构很难确保企业高质量发展。其企业内在结构不够合理，这是建筑企业高质量发展中需要解决的突出问题。

2. 管理制度不够完善：尽管自进入社会主义市场经济以来，我国建筑企业与其他行业企业一样，制定了不少管理制度。但就管理制度，某种程度上存在三个问题：其一，管理制度与具体管理脱节，也就是说有些管理制度无法在管理中施行。比如某企业所制定的材料进出管理制度，需经抽检 10% 合格方可入库。此制度一方面有些材料抽检 10% 量不大，另一方面遇有特殊情况无法进行检验等。其二，管理制度与新时代脱节，目前我国建筑行业已经基本进入信息化管理时代，而管理制度中仍使用传统性管理模式，比如技术交底制度、安全交底制度仍采用纸质文件传递交底方式，影响了管理效率。其三，管理制度与管理技术脱节，目前亦有不少企业实施信息化管理，而企业管理管理层中一部分人还未完全掌握信息化管理技术。同时设施也未完全配置到位，未能产生管理效果，管理制度不够完善，这是当前建筑企业高质量发展亟需解决的问题。

3. 创新力度不够强劲：技术管理创新乃是建筑企业高质量发展之根本。习近平同志在中共十九大报告中强调，"创新是引领发展的第一动力"，这也是改革开放实践经验证明的，但从全国建筑企业整体情况来说，我国建筑业企业创新力度不够强劲。主要表现在创新投入不够强劲，创新队伍不够强劲，创新能力不够强劲三个方面。其一，创新投入不够强劲，尽管国家有关政策，科技创新投入应达到一定比例，但企业实质性投入很小，特别是民营企业在科技投入上更少，据调查我国现阶段建筑业企业 60%以上在科技创新方面为零投入，加之近年来，住房城乡建设部相继取消企业资质考核中科研成果项目考核内容，所以建筑企业的科技投入量直线下降。其二，创新队伍不够强劲：目前我国除央企外，其他企业中有的企业无技术创新团队，无技术创新团队企业，约占我国现有企业总量 70% 左右，还有的企业挂有技术中心牌子，实质性创新团队人员只有二三人。其三，创新能力不强，我们查阅了一下，在建筑领域能够创造省部级以上科技进步奖很少，国家科技进步奖更少，有些年份还为空白。其科技创新力不强，严重制约了建筑企业可持续性发展，这是建筑企业高质量发展的关键性问题。

4. 分配制度不够公平：分配不公集中体现在分配基础不公、分配方式不公、分配制度不公三个方面。其一，分配基础不公，我国自改革开放以来，一部分国有集体企业成为少数人企业，一夜之间，工人阶级的主体地位成为雇工，构成了分配不公的基础。其二，分配方式不公：现阶段建筑企业内的分配方法实行的按资分配，无资不得食，从分配方式上失去了我国社会主义基本分配原则，多劳多得的原则，变成了多劳不多得，不劳能多得的现象。其三，分配制度不公，目前我国大部分企业实行的随意性分配制度，由企业少数人，甚至老板一人说了算，既不透明又不公开，由以上三个方面问题构成着企业内分配不公，严重挫伤了职工的劳动积极性，阻碍了建筑企业高质量发展。

5. 生态文明不够到位：建设美丽祖国，加快生态文明建设改革，这是中共十九大习近平同志报告中重要主题。这个主题提出，是针对我国经济高质量发展中存在的薄弱环节提出来的，同时也是针对我国建筑经济高质量发展中存在的问题提出来的，建筑企业高质量发展必须实施生态文明性运行，也就是具有高度生态文明性。然而我国建筑业企业发展中存在着生态文明不到位，突出表现在企业发展运行缺乏生态文明性，企业项目管理行为缺乏生态文明性，建筑产品结构特征缺乏生态文明性三个方面。其一，企业发展运行缺乏生态文明性，目前相当多企业没有把生态文明建设作为企业中的重要考核依据，建筑企业员工也没有认识生态文明建设重要性。企业把企业经济作为首位，急功近利。其二，项目管理缺乏生态文明性，施工过程噪声四起、垃圾乱倒，空气污染、水土污染到处可见。其三，建筑产品结构特征缺乏生态文明性，有害物质材料在建筑工程中应用广泛，建筑物 $CO_2$ 排放量所占比例之重等系列问题，完全与建筑企业高质量发展格格不入。

## 第四节　基本举措

建筑企业高质量发展以深化企业管理机制改革为基础，以完善企业管理制度为重点，以企业技术创新为引领，以企业生态文明建设为抓手；以企业防范多维风险为根本，构建可持续性发展的经济发展态势。建筑企业高质量发展为实现中华伟大复兴中国梦，建设美丽富强文明强国，谱写建筑企业发展新篇章。

1. 深化企业管理机制：改革开放 40 年来，我们既取得了很好的成绩，同时也出现了诸多问题，当前建筑企业高质量发展基础应注重解决我国改革开放 40 年来诸多问题。重点解决我国现阶段不平衡不充分的社会主要矛盾，并以深化企业管理机制为基础。深化建筑企业机制改革，应重点深化企业股权体制改革，并以集中股权改革为分散性股权，企业员工人人持股。可设置股权比例，不同责任层次设定不同股本额。使企业员工不仅是员工，同时也是主人，真正当家作主。应重点深化改革分配机制，凸出按劳分配原则，弱化按资分配比例，调动劳动者积极性。应重点深化企业管理机制，应把老三会与新三会进行组合。把企业股东会与职工会合并，合并为企业职工股东会。把企业董事会与党委会合并，合并为企业党委董事会。把企业监事会与企业工会合并，合并为企业工会监事委员会。使我国建筑企业管理机制构成在党的领导下的民主管理社会主义特色的管理体制，为建筑企业高质量发展提供机制保证。

2. 完善企业管理制度：企业管理制度历来是企业发展根本举措，改革开放以来，我国的建筑企业不同程度地形成管理制度体系，但随着改革深度不断推进，党的方针政策调整，其中一部分制度规定不合时宜，还有一部分制度不够完善，急需调整完善。我们通过调查研究分析认为应重点调整完善企业管理制度，且应把企业管理纳入企业民主管理范围内的重大事项决策，应由党委董事会提出，企业工会监事会审核确定。企业经营由企业职工股东会讨论制定方案，由企业党委董事会执行，企业人事财务等方面管理应为企业党委董事会全权处理，定期向企业工会监事会和企业职工股东会报告，并接受两会监督与质询。应重点调整完善企业分配制度，制定企业分配实施办法，对企业员工工资实施计件评级考核，改革暗箱操作，实施公开透明，达到按劳取酬，按绩取酬。应重点调整完善企业现代互联网管理制度，规范网络管理行为与管理程序。应重点调整企业生态文明管理，把生态文明建设列入重点管理范围，建设适应时代需求的中国特色社会主义建筑企业制度管理体系。

3. 构建企业创新体系：创新历来是经济发展活动中的永恒主题，建筑企业亦为如此，企业不管大小，均应走技术创新发展之路，这是颠扑不破的真理。建筑企业高质量发展的技术创新，首要问题应集聚技术创新人才，建立技术创新团队。我国现阶段技术创新团队特级企业应为 50 人以上，其中本科以上学历人员 70% 以上，高级职称技术人员应占 30% 以上。一级企业应为 20 人以上，二级企业应为 10 人以上，三级企业应为 5 人以上。各级建设行政主管部门应把企业技术团队建设作为企业资质考核指标依据。其次应明晰技术创新投入，特级企业年投入不少于5000 万元。一级企业年投入不少于 3000 万元，二级企业投入不少于 1000 万元，三级企业投入不少于 500 万元，列入创优考核指标。再次应建立科技创新成果考核机制，把企业技术成果列入项目投标评分依据，通过全方位的科技创新，推动建筑企业高质量发展，把企业做大做强。

4. 营造生态文明氛围：建筑企业经济运行活动直接反映了生态文明建设水平，生态文明建设，这是习近平同志在中共十九大报告强调的重要主题。建筑业企业应首先加强生态文明建设意识教育，使全员充分认识生态文明建设是建设美丽中国、美丽家园基本举措。其次应不惜血本，不计成本，进行生态文明建设投入，每个工程项目均应配置围挡设施、降尘设施、控噪设施、净水设施等，其生态文明保护设施应全面到位。再次应制定工程项目生态文明施工技术标准，把生态文明建设列入规范范围，营造生态文明氛围。

5. 筑牢风险防范围墙：建筑企业高质量发展的基本特征，就是在整个经济运行活动中风险小或零风险，其目标就是零风险，在无风险运行中，企业才能高质量发展，可持续发展，且建筑企业经济活动运行中无时无刻均有风险发生。但建筑行业经济运行活动中一般所遇到的风险主要是经济风险、质量风险、安全风险、环保风险等四个方面。经济风险在建筑经济活动运行中主要是政策性风险，产品、物价变化风险，经济运行失控风险等。防范经济三大风险，主要是研究国家政策、把握政策动向、进行市场调研、把握产品价格变化规律，审读合同条款，谨慎签订合同，实行双轨监控，应用互联网技术，构建监控平台，建设风险基金，防患于未然，把经济风险控制在零。安全风险，建筑企业是安全风险高危企业，应建立系统性安全保障措施，实施安全设施全方位，安全教育全员性，安全监管全程进行，同时意外伤害保险全覆盖，确保安全无风险。质量风险也是建筑企业主要风险，控制建筑工程质量风险，建设系统性质量标准体系，实施全员质量管理教育与培训，实施过程环节性交底，强化每个细部质量监督与检查，确保建设高质量建筑产品。环保风险控制主要把握国家地方环境保护政策。

# 第三章 建筑企业高质与高速基本区别

习近平同志在中共十九大报告中作出我国经济发展由高速发展阶段转向高质量发展阶段的科学论断，我国四大国民经济支柱产业的建筑业同时由高速发展阶段转向高质量发展阶段。为了更好地贯彻落实中共十九大精神，推进建筑企业从经济高速发展转向高质量发展阶段，必须深刻理解我国建筑企业高质量发展与高速度发展的本质性区别（以下简称"建筑企业高质与高速发展区别"）。

深刻理解建筑企业高质与高速发展的本质性区别，应从发展主题上理解，应从发展特征上理解，应从发展目标上理解，应从发展方式上理解，应从发展举措上理解，应从发展责任上理解，应从发展利益上理解，全面理解建筑企业高质与高速经济发展的本质性区别。

## 第一节 主题区别

从发展主题上理解建筑企业高质与高速发展的本质性区别：建筑企业高质量发展主题突出高质量发展，是以企业发展运行质量为中心。这里的质量突出是经济基础质量、人才团队质量、企业管理质量、企业产品质量、企业效益质量等五个要素质量。企业经济基础质量是以企业可用性经济基础，也就是企业自有能够及时快速可用经济资源，不包含可收回或较长时间能够收回往来款以及具有一定掺杂的经济资源。人才团队质量，是以本企业自身可用人才能力水平质量，不包括外来借用人才、挂靠人才等方面。企业管理质量是指企业管理制度高度完善性，企业管理机制高度严密性，企业管理手段高度先进性。企业产品质量是指所承担的工程项目，包括分部分项工程质量达到国际同类产品先进水平，并包括产品内在结构质量、外观质量、使用功能、使用寿命等。企业效益质量包括企业所取得的直接的及回收的经济效益较高，企业信誉度较高，社会影响力较高，企业安全度高，环保性强，节约社会成本度高等。概括为一句话，以企业质量为主体，以高质量为核心推动企业发展，这是我国目前建筑企业高质量发展的基本定位。建筑企业经济高速发展主题突出速度，是以企业发展速度为中心，长期以来企业发展速度包括企业经济基础发展速度、企业团队基础发展速度、企业管理基础发展速度、企业产品基础发展速度、企业效益基础发展速度等五个要素速度。企业经济基础发展速度主要以追求经济基础迅速扩张，包含企业借用外来资金、较长时间不能回收资金、不可用资金等范围，单纯性考核经济量的扩张。企业团队基础发展速度，以企业队伍人数扩张，考核企业人员规模为主体。企业管理基础发展速度，以企业管理覆盖面为主体。企业产品基础发展速度以企业市场扩张、经营范围扩张、承建工程项目扩张、施工速度扩张为主体。企业效益基础发展速度，以企业承担工程项目施工面积，施工产值为依据。可以概括一句话，企业经济发展以量为主体的发展主体建设。根据建筑企业高质与高速发展区别是质变与量变的本质性区别。

## 第二节　特征区别

从发展特征上理解建筑企业高质与高速发展的表象性区别，建筑企业高质量发展阶段经济高端实力性，团队基础高端专业性，管理高端规范性，风险基础高端低微性，效益基础高端可观性的基本特征。经济基础高端实力性，主要以企业自有资金为企业经济运行资金主体。团队基础高端专业性，主要以企业自主性专业人才为主体。管理基础高端规范性，主要是企业各种运行在标准规范范围之内。风险基础高端低微性，企业在运行过程将可发生的风险或形成的风险最小化。效益基础高端可观性，企业在经济运行之中其经济效益、社会效益相当可观。建筑企业高质量发展阶段基本特征可概括为可持续性发展。建筑企业经济高速发展，经济基础稍弱性，团队基础稍软性，管理基础稍松性，风险稍有性，效益基础稍低性的基本特征。经济基础稍弱性，在建筑企业高速发展阶段中，我国亦有大部分经济基础稍弱，有的企业只有几万元家当，其中改革开放初期兴办的企业10万元以下的要占50%以上。团队稍软性，其企业团队均为东拼西凑起来的，甚至有的企业仅有几个人。管理基础稍松性，企业无章无制无管理系统，风险基础稍有性，经济时为失控性，安全事故也有发生，环保意识较弱。效益基础稍低性，工程项目数量做得不少，经济效益低，这是建筑企业高速发展阶段的基本特征。这个特征可概括一句话，波动性发展。根据建筑企业高质量发展阶段特征与建筑企业高速度发展阶段特征本质区别于可持续性与波动性发展的区别。

## 第三节 目标区别

从发展目标上理解建筑企业高质量发展阶段与建筑企业高速度发展的方向性区别。建筑企业高质量发展阶段主要目标是提升企业内力，把企业做强，并力求企业经济基础强、团队基础强、管理基础强、效益基础强。经济基础强，采取一切手段，扩大企业自有可用资金，并追求达到相当实力的经济基础。团队基础强，通过多种途径招聘培训集聚人才，提升人才团队素质，并追求达到相当高水准的团队。技术基础强，通过引进与自我创新提升技术水准并追求达到相当技术能力，与相当数量的自主知识产权。效益基础强，每项经营活动均能获得可观的经济收入和社会效益及节能环保效益。其目标可概括一句话，不断追求企业综合实力强起来。建筑企业经济高速发展阶段主要目标是提升外力，把企业做大，并力求企业规模大，经营范围大，经营市场大，经济产值大。企业规模大：主要企业员工人数多，企业资质高。经营范围大：勘察、设计、施工，土建、装饰、水利、市政，包罗万象。经营市场大：经营市场大，国内各省、国外多个国家。经济产值大：几亿、几十亿、上百亿等。概况一句话，把企业尽快做大起来，根据建筑企业高质量发展目标与建筑企业高速度发展目标区别在于把企业做强与做大的区别。

## 第四节　方式区别

从发展方式上理解建筑企业高质量发展与建筑企业高速度发展阶段发展方式上的行为性区别。建筑企业高质量发展阶段发展方式主要采用渐进式发展方式，按照设计的既定发展路线，并着力在内功上下功夫的发展模式。企业发展必须通过认真研究论证发展可行计划，按计划步骤实施。建筑企业高速度阶段发展方式主要采用跨越式发展方式，跨越几个阶段，临时性、随机性进行发展。根据建筑企业高质量发展阶段发展方式与建筑企业高速度发展阶段发展方式本质性区别在于渐进式与跨越式发展方式的区别。

## 第五节　举措区别

从发展举措上理解我国建筑企业高质量发展阶段与建筑企业高速度发展阶段力点性区别。建筑企业高质量发展阶段发展举措主要是注重贯彻执行党和国家路线方针政策，注重按照市场经济发展规律，注重企业自身经济实力增强，注重企业人才队伍建设，提升科技水平，注重企业运营管理等规矩性发展举措。注重贯彻执行党和国家路线方针政策，把就是企业发展，把贯彻党和国家路线方针政策放在首位，并在发展过程中严格执行党和国家路线方针政策，一切发展行为符合党和国家路线方针政策。注重按照市场经济发展规律，也就是在发展中认真研究市场经济变化，审时度势进行发展。注重增强企业自身经济实力，也就是注重企业经济积累，扩张企业实力。注重企业人才团队建设，提升科技水平，就是不断培养与引进人才，建立高素质团队，大力进行技术引进与开发。注重企业管理，通过完善管理制度，应用现代管理手段方法，发展企业经济。其建筑企业发展举措为规矩性发展举措。建筑企业高速度发展举措主要是注重于经营市场开拓，注重于建立人际关系经济，实施低价性竞争，注重于速度性管理等非规性举措。注重于经营市场开拓，企业把主要精力用在经营开拓，项目业务承接上，不管大小企业负责人主要任务就是市场开拓经营上，同时还配套多人经营开拓团体，其企业员工均落实承接项目任务。注重于发展人际关系，企业内部用人以及日常经营不惜血本，建立人际关系网络。实施低价竞争，企业在投标市场上比拼价格，有的企业在投标中不惜低于国家定额价50%进行投标比对。注重于速度性管理，把速度管理作为企业管理核心，制定时间，按进度计划表，实施倒计时等非规性管理举措。根据建筑企业高质量发展与建筑企业高速度发展举措对比，其区别在于规矩性发展与非规矩性发展。

# 第六节　责任区别

从发展责任上理解建筑企业高质量发展阶段与建筑企业高速度发展阶段所属性区别：建筑企业高质量发展阶段责任对象为整个企业全员，包括经济运营全过程所涉及的人员，每一个人员、每一个工作岗位出现了问题均严重影响建筑经济发展质量，这是无可置疑，也是众所周知的，它的经济发展主体为全员性。建筑企业高速度发展阶段责任对象以企业老板为核心团队，企业的经营决策权、经营项目范围权、市场开拓权牢牢掌握在企业老板及其经营团队中，能否发展主要在于企业老板及经营团队，它的经济发展主体为少数性，从发展责任上理解建筑企业高质量发展阶段与建筑企业高速度发展阶段所属性区别全员性发展与少数人发展。

## 第七节　利益区别

从发展利益上理解建筑企业高质量发展阶段与建筑企业高速度发展本质性区别。建筑企业高质量发展阶段，从发展主题上提高了产品质量，使用户得到了实惠。从发展特征上，促进了社会和谐，使整个社会受益。从发展举措上维护企业员工利益，使企业员工享受了国家政策红利。因此建筑企业高质量发展为利益普惠制。建筑企业高速度发展阶段，从发展主题上以速度为核心，某种意义上必然影响了质量，特别建筑产品质量，这必然损害了用户利益。在发展特征上从某种意义上讲，扰乱了市场，影响了社会和谐，并给少数人带来了利益。从发展目标上加大了一线工人劳动强度，损害了一线员工利益。因此，建筑企业高速发展为利益团体制。根据建筑企业高质量发展阶段与建筑企业高速度发展阶段比对，其利益本质区别在于普惠制与团体制。

综上所述：建筑企业高质量发展阶段与建筑企业高速度发展阶段本质区别在于发展主题上的质变与量变区别；发展特征上的可持续性发展与波动性发展区别；发展目标上的做强与做大的区别；发展方式上的渐进式发展与跨越式发展区别；发展举措上的规矩性发展与非规性发展区别；发展责任上的全员性发展与少数人发展区别；发展利益上的普惠制发展与团体制发展的区别。

# 第四章　建筑企业高质量
# 发展基本思路

2017年2月21日，国务院办公厅印发了《关于促进建筑业持续健康发展的意见》（以下简称《意见》），这个《意见》我们进行了认真研读，根据这个《意见》精神，我们专门走访了住房城乡建设部有关部门，并与业界政策研究专家进行了商讨，同时与业界有关企业家们进行了座谈，形成建筑企业高质量发展思路。

## 第一节　发展背景

国务院办公厅2017年2月21日印发的《关于促进建筑业持续健康发展的意见》，这个《意见》形成背景，有其深刻的政治背景；有其特别的经济背景；有其非常的国际背景；有其共性科技背景等几个方面。

1. 政治背景：中共十八大工作报告精神是高举中国特色的社会主义伟大旗帜，坚持科学发展观理念，注重加强党的领导，加大惩治腐败力度，建立公正公平社会秩序。注重深化改革，促进经济科技文化发展，为中华民族伟大复兴，努力实现中国梦这个总基调。中共十八大以后，在以习近平为首的党中央，按照总基调，带领全国人民取得了辉煌成就，社会经济文化发生了大变化，国务院为了适应变化需求，保持建筑业持续健康发展，所以在中共召开十九大会议前出台印发了《意见》，表明中共十九大以后将进一步重视建筑业发展，这是形成建筑企业高质量发展思路深刻的政治背景。

2. 国际背景：中共十八大以后，我国国际地位明显提升，特别"一带一路"倡议的逐步实施，亚洲基础设施投资银行的成功组织，标志着我国建筑业发展空间更加广阔，很有必要推进建筑业健康发展，并应把眼光瞄准国际市场，所以国务院办公厅及时印发了《意见》，这是形成建筑企业高质量发展思路的国际背景。

3. 经济背景：当前国内外经济进入了经济新常态的深度阶段，这个阶段，市场经济运行更加规范，资本人才竞争更加激烈，所以国务院为了及时指导推进建筑业持续健康发展，印发了《意见》，这是形成建筑企业高质量发展思路的特别的经济背景。

4. 科技背景：当时钟敲响了 21 世纪之声，信息产业发展更迅速，我国科技水平提升很快，原始性的建筑技术已经不能适应时代需求，必须调整建筑业发展思路。

## 第二节　发展内容

1. 明晰建筑业的重要地位。《意见》开宗明义提出："建筑业是国民经济支柱产业。改革开放以来，我国建筑业快速发展，建造能力不断增强，产业规模不断扩大，吸纳了大量农村转移劳动力，带动了大量关联产业，对经济社会发展，城乡建设和民生改善作出了重要贡献。"这充分说明了我国建筑业在国民经济支柱产业地位及建筑业基本现状与贡献三个方面。彰显了建筑业发展的重要性。

2. 理清建筑业的发展问题。《意见》指出"建筑业仍然大而不强，监管体制不健全，工程建设组织方式落后，建筑设计水平有待提高，质量安全事故时有发生，市场违法违规行为较多，企业核心竞争力不强，工人技能素质偏低"等八个方面突出问题，这些问题从国家层面上提出尚属首次，且句句击中要害，非常值得业界重视，并应加以调整、改革。

3. 提出建筑业发展要求。总要求"四落实"：落实中共十八大、二中、三中、四中、五中、六中全会精神；落实习总书记系列讲话精神；落实党中央国务院决策部署，落实创新、协调、绿色、开放、共享发展理念。三推进：推进"五位一体"布局；推进"四个全面"布局；推进供给侧结构改革，并继续深化建筑业放管服，完善监管体制机制，优化市场环境，提升安全质量水平，强化队伍建设，增强企业竞争力，促进建筑业持续健康发展，打造中国建造品牌，这个总要求指导思想明确、着力点明确、措施明确、目标明确、语言精辟、涵盖全面。

4. 阐述建筑业发展举措。以深化建筑业简政放权，营造建筑业发展环境为根本，优化建筑企业资格资质管理，实行一站式网上审批，提高行政审批效率。完善招标投标制度，修订《招标投标法》《工程建设项目招标范围和规模标准规定》，简化程序，实施电子评标。建立公平、公正、公开、诚信市场秩序。以完善工程建设组织模式，培育系统性企业经营方式为基础；注重推行工程总承包，实施投资、咨询、勘察设计、监理、招标代理、造价、施工一体化经营管理方式。以加强工程质量安全管理，提升质量安全水平为抓手，全面落实明晰各方主体责任，加大责任追究力度，质量监管体系，打击安全质量违法违章行为，构划质量安全保证体系，打造质量安全品牌。以优化建筑市场、规范市场行为为手段，建立开放市场，加强承包履约管理，规范工程款结算。以提高从业人员素质，维护从业人员利益为重点，加快培养建筑人才，改革建筑用工制度，保护工人合法权利。以推进产业现代化，提升建筑科技水平为关键。注重推行智能装配建筑，提升建筑设计水平，加大技术研发应用，完善工程建设标准。以加快建筑企业走出去，提升建筑经济总量为核心，注重构建中外标准衔接，提升对外承包能力，并制定鼓励政策，扶持企业走出去，提升建筑经济总量，提升中国建筑市场覆盖率。以上建筑业发展举措，必将为我国建筑业可持续健康发展指明方向，提供可靠的措施保障。

## 第三节　发展举措

按照《意见》精神，作为每个建筑企业来说，如何转型升级（简称转升），这是我们需要研究构划的主题。从《意见》中我们理解认为，应从提升企业人员素质入手，从提升企业创新能力着力，从企业联盟出发，从企业走出去使劲，从强化管理走道五个方面转型升级，促进建筑业持续健康发展。

1. 从提升企业从业人员素质入手：《意见》第六条专题阐述了提高从业人员素质问题，众所周知，建筑业一把泥刀打天下的时代已经一去不复返了，进入新常态后，建筑市场竞争均为人才竞争，其国内外建筑招投标市场门槛进入均以企业业绩考量、人才档位考量为主要依据。所以作为建筑企业转型升级来说，主要是从简单性施工操作转型为技术型操作，从低层次人才结构群体升级为高层次人才结构群体，这是我国建筑企业转型升级的突破口。而企业从业人员素质提升，按照《意见》第六条，主要是加快培养人才，培养建造师队伍，培养熟悉国际规则的高级管理人才，培养高级专业人才，培养技术人才。为稳定人才队伍，应改革用工制度，向高级管理人才、专业人才、技术人才实行分配倾斜，减少降低按资分配比例，减少一般性管理人员附属人员工资报酬。同时应注重维护高级管理人才、高级技术人才、高级技工人才合法权利，保护他们的合法收入，并做到养老保险全覆盖，并给予他们管理企业权力，保持人才队伍稳定。

2. 从提升企业创新能力着力：《意见》第七条中第十六小条，专题提出加强技术研发与应用。我国传统性平房建筑、砖瓦草建筑基本不再开发，而新型的地下建筑、高层建筑、智能建筑、艺术建筑将不断发展，如果我们建筑企业技艺仍死守原始建筑方式、原始建筑工艺，只有败路一条。所以目前国内外市场经济竞争，其技术竞争为主要竞争项目，且在我国招投标中亦将技术列入主要门槛。所以企业转型升级应从简单化技术向建筑业高端技术转型，从单一性技术向多元性技术转型。从低层次技术向尖端技术升级，并注重限制淘汰落后设备工艺方法，加大技术投入，努力开发新技术，推广应用新技术，提升建筑科技水平。

3. 从企业联盟出发：我国是建筑业大国，但不是强国。建筑企业众多，但强企较少，这是在《意见》中所阐述的建筑业大而不强，要使我国建筑业从大国到强国转身，关键依靠企业强起来，而依靠众多弱小企业来达到我国建筑业强起来这条路是走不通的。另外，市场经济竞争越来越激烈，弱小企业必定被淘汰灭亡。所以我们弱小企业应走联盟之路，可进行同质联盟、同业联盟，通过联盟能够强化企业主体，这是《意见》第三条为我们指明了完善工程建设组织模式的发展举措，也是企业转型升级的根本性措施。

4. 从企业走出去使劲：我国改革开放以来，几经基本建设高潮，目前国家已经提出了去库存的要求，因而未来基本建设空间开始缩小，僧多粥少的趋势即将来临，建筑企业需要走出去找出路。实施走出去策略，求生存、求发展。再说国家提出"一带一路"倡议，正为我们走出去搭建了平台。《意见》第八条提出了加快建筑企业走出去发展战略，并明确提出加大政策扶持力度，所以应乘势而上，抓住机遇向国外市场延伸拓展转型，这是我国建筑企业转型升级极佳时机。

5. 从企业强化管理走道：管理出效益，保质量、保安全、赢信誉，这是我国市场经济的成功经验，任何一个企业发展均为成功管理的结晶。《意见》第四条，提出了加强质量安全管理问题，并把落实工程质量安全责任作为主体。把制定管理制度，强化监督管理作为抓手，实施严格管理。作为建筑企业转型升级中应把松散性管理转型升级为精细化管理、规范化管理轨道，唯有如此才能保持建筑业持续健康发展。

综上所述，《意见》有其政治、经济、技术环境背景，充分明晰了建筑业在国民经济发展中地位与贡献，理清了我国建筑业发展问题，提出了建筑业发展的总体要求目标，阐述了建筑业发展举措，为我们企业转型升级思路提供了重要依据。

# 第五章 建筑企业高质量 发展基本基础

"我国经济已由高速增长阶段转向高质量发展阶段"这是习近平同志在中共十九大报告中作出的科学论断。这个论断完全符合我国经济发展及现状，完全符合我国建筑行业及其企业经济发展实际。

近来，我们通过认真学习理解习近平同志在中共十九大报告中关于高质量发展的战略论述，借鉴中国当代经济学家关于高质量发展理论，结合我国建筑业企业目前发展的基本现状，进行研究分析认为，建筑企业高质量发展关键，应着力夯实"五个"基础。

建筑企业高质量发展关键着力夯实思想基础、管理基础、经济基础、团队基础、技术基础五个方面。

## 第一节 思想基础

思想意识历来是决定人们的行为，这是众所周知的基本道理，强化思想教育，统一思想认识是推动我国社会主义革命和社会主义建设成功的经验总结。当前我国经济已由高速增长阶段转向高质量发展阶段，正处在转变发展方式，优化经济结构，转换增长动力的关键期，这个关键期务必须要全党全国人民思想的高度统一，正如习近平同志在中共十九大报告中所说，"意识形态决定文化前进方向和发展道路"，建筑行业及其企业发展亦为如此。

建筑企业高质量发展思想：应以习近平新时代中国特色社

主义思想为指导，实现高质量发展主题，严格执行党的各项路线方针政策，以营造最优建筑工程质量为宗旨，以保持生态文明，改善社会环境，建设美丽中国为己任的高质量发展思想。

建筑企业高质量发展思想形成，需要我们建筑行业各级行政主管部门层层组织深入学习贯彻落实中共十九大精神及党的相关方针政策精神，大力度开展学习讨论交流活动，并把贯彻中共十九大会议精神列入企业运行与考核之中，增强高质量发展意识。建筑企业高质量发展思想形成需要住房城乡建设部采取政策措施，把建筑企业高质量发展贯串在企业资质申报晋升之中，工程项目招标投标之中，工程项目经济结算之中，企业评优创优之中以及一切建筑经济活动运行之中，提升建筑企业高质量发展紧迫性思想意识，建筑企业高质量发展思想形成需要社会新闻媒体大力宣传，宣扬高质量发展企业业绩，宣扬高质量工程项目典范。各级建筑主管部门及社会企业大力度开展高质量工程项目、高质量企业评选。相关质量监督部门强化企业质量监督，通报处罚质量问题，构成浓烈的高质量发展氛围。

唯有多措并举，构成全行业企业内在的高质量发展思想意识的统一，达到建筑企业高质量发展思想意识的高度统一性，从思想意识上夯实基础为促进建筑企业高质量发展提供思想保障。

## 第二节　管理基础

管理是提升高质量发展的根本手段，国内外无数企业经营实践证明了这个真理。我国建筑业企业尽管经过改革开放 40 年市场经济运行，虽然取得了一定的管理经验，具有一定的管理基础，但随着国家政策的调整、中国特色社会主义制度的完善、管理性质的变化，其管理基础存在很多缺陷。

针对我国经济管理体制机制问题，习近平同志在中共十九大报告中提出，"加快完善社会主义市场经济体制，经济体制改革必须以完善产权制度和要素市场优化配置为重点，实现产权有效激励，要素有效流动，价格反应灵活，竞争公平有序，企业优胜劣汰。"习近平同志这段讲话是站在全国经济发展这个大局层面上，针对我国经济管理体制、机制问题，提出的改革完善方向要求。应注重于管理体制的改革，管理制度的完善，管理形式的变更三个方面夯实强化。

建筑企业高质量发展应着力夯实管理基础，并注重管理体制改革、管理制度完善、管理形式变更三个方面。其一，管理体制改革，应将"新三会"与"老三会"融合，企业股东会与企业职代会合并为职工股东会，企业董事长应与企业党委会合并为企业党委董事会，企业监事会与企业工会合并为企业监事工作委员会。其二，完善管理制度应重点完善企业内部分配管理制度，突出按劳取酬原则，完善企业民主管理制度，突出党组织与企业民主管理，完善质量管理制度，突出企业质量标准规范建设。其三，管理形式变更，改变传统管理方法，应用互联网远程监控管理与人为督查管理方式相结合的现代管理模式的管理。

建筑企业通过管理体制的改革，坚持在党领导下，实行民主集中制的具有中国特色的社会主义建筑企业管理体制。通过完善企业管理制度，形成以质量管理为中心的企业内部平等性管理制度体系。通过变更管理形式，形成现代化管理方式为建筑企业高质量发展提供管理基础保障。

## 第三节 经济基础

经济基础是决定社会发展的本质要素，无可置疑，经济发展除人的要素而外，就是经济基础，建筑企业高质量发展本质要素当然为经济基础。我国改革开放之初，中国改革开放的伟大设计师邓小平提出了以经济建设为中心的科学论断，40 年的历史证明，这是正确的，习近平同志在中共十九大报告中进一步强调推动经济持续健康发展，并围绕高质量发展作了详细阐述，可见经济建设在国家社会之中的重要性。建筑企业高质量发展当然经济基础至关重要，所以建筑企业高质量发展关键是着力夯实经济基础。

建筑企业高质量发展关键是夯实经济基础，夯实经济基础重点依靠建筑企业自身经济运营活动的经济物质财富的积累；依靠挖掘利用民间资本，实施增资扩股；依靠借用银行资本；依靠与国内外企业合作，增强企业资本等。应大力宣传质量经济业绩，开展高质量发展研讨会，形成质量经济气氛，使企业全员思想意识高度统一，沿着高质量发展方向前进。习近平同志在中共十九大报告中指出，"发展是解决我国一切问题的基础和关键"，他所讲的发展，作为建筑业企业来说应为建筑企业高质量发展。高质量发展核心基础是经济基础，所以企业应把夯实经济基础作为首要任务。

## 第四节　团队基础

企业团队建设仍然是企业发展的核心要素，这是企业发展增长的根本动力，也是千古不变的真理。毛泽东同志曾说过："人民，只有人民才是社会发展的动力。"邓小平同志曾说过："人才是第一生产力。"习近平同志在中共十九大报告中指出："人才是实现民族振兴，赢得国际竞争主动的战略资源。"由此可见，人才团队建设何等重要，建筑企业高质量发展也不例外。

建筑企业高质量发展，当然离不开高端人才团队，这是无可置疑的。建筑企业高质量发展重点是着力夯实团队建设基础，并着力从提高现有团队人员素质入手，从企业与高等院校联合办学入手，从大力度引进人才入手三个方面。其一，从提升现有团队人员素质入手，一方面鼓励现存人才进行自学提高，考取各类证书，给予高额奖励。二方面安排时间，分批派员到高等院校深造学习。三方面企业内部组织技术比武。四方面企业制定全员学习目标计划，并进行考核，考核结果与工资挂钩，多措并举，提升现有团队素质。其二，从企业与高等院校联合办学入手，四方不少国家大型企业均兴办高等学校，所兴办的高等学校定向培养、定向使用，从而提高企业团队素质。我国建筑企业亦可借鉴，也就是企业与高等院校进行深度融合，建立一种产学研为一体的新型企业结构，且可通过并购重组法实施，提升企业团队素质。其三，从引进人才入手，设置岗位，明确政治待遇、经济待遇，不拘一格引进国内外各类人才，扩大企业团队力量。

通过提升现有人才团队，走联合办学之路，超常引进人才等措施，构成企业一流高端管理团队，一流专业研发团队，一流高端操作团队，达到国际或国内领先水平，为企业高质量发展提供人才保障。

## 第五节　技术基础

技术就是力量，技术就是资本，这是我国改革开放40年所走的历程，也是国内外成功企业的基本经验。新中国成立以来，党中央国务院及各级党委政府均重视技术研发。习近平同志在中共十九大报告中特别强调加快建设创新型国家，他说："创新是引领发展的第一动力，是建设现代化经济体系的战略支撑。"由此可见，技术研究与开发的重要性，建筑企业高质量发展，特别在由经济高速度发展阶段转向高质量发展阶段更需要技术支持，技术与质量本质就是孪生姐妹，密切相关。建筑企业高质量发展根本离不开技术创新与开发，这是建筑企业高质量发展的必然客观要求。

建筑企业高质量发展，如何夯实技术基础。习近平同志在中共十九大报告中提出："要瞄准世界科技前沿，强化基础研究，实现前瞻性基础研究、引领性原创成果重大突破，加强应用基础研究，拓展实施国家重大科技项目，突出关键共性技术、前沿引领技术、现代工程技术、颠覆性技术创新……"习近平同志这段讲话精神，为我们建筑企业的高质量发展，夯实技术基础指明了技术研发方向。根据习近平同志这段讲话精神，建筑企业高质量发展中应重点进行世界建筑科技前沿引领技术研究；重点进行智能建筑、移动建筑、空中建筑、海洋建筑技术研究；重点进行前瞻性量子、纳米建筑技术研究；重点进行现代建筑机械、材料等技术创造性研究；重点进行建筑抗震、抗渗、抗裂、防雷等共性技术研究；重点进行建筑设计、施工管理、预算核算等实用性技术创新研究六个方面的研究方向。

围绕以上六个研究方向，企业应加大投入力度，主要加大经费投入，一般大中企业年研发经费投入应达到 3000 万元以上，营业收入的 2% 以上。加大人员力量投入，大中型企业，研发专业人数不少于 20 人。开展多种形式的技术研发，实施企业间合作研发，与高等院校、国家科研院所联合研发。发挥全员积极性，强化研究基础设施建设，设置实验室、技术中心研究院。同时应通过住房城乡建设部制定企业研究成果考核，并把考核机制引领列入企业资质晋升、年度复查，工程项目招投标评审以及企业评优创优之中，促进开展技术研发工作。

通过明确研发方向，加大研发投入，强化研究基础，实施政府推动等系列措施，使企业拥有高端自主知识产权，全面突破基础共性技术，解决质量通病，提升管理水平与效益，为建筑企业高质量发展提供技术支撑。

总之，建筑企业高质量发展应突出高质量这个主题，着力夯实企业思想、管理、经济、团队、技术五个要素性基础，把企业打造为高质量发展思想意识基础全员高度统一；把企业经济基础打造为高度强实；把企业管理基础打造为高度严密；把企业团队基础打造为高度有为；把企业技术打造成高度先进，为建筑企业高质量发展提供思想、管理、经济、团队、技术基础保障，谱写建筑企业高质量发展辉煌乐章，为中华民族伟大复兴、美丽中国建设作出贡献。

# 第六章　建筑企业高质量
# 发展基本思想

　　建筑企业高质量发展阶段中，以何种思想为指导，这是我国建筑企业及建筑业界人士值得思考的问题，也是应该明晰的问题。

　　近年来，我们通过认真学习，深刻理解中共十九大报告精神，深刻领悟到我国现阶段及今后相当长时段中，我国建筑企业高质量发展，应以习近平新时代中国特色社会主义思想为指导。

　　习近平新时代中国特色社会主义思想阐述了新时代坚持和发展什么样的中国特色社会主义，怎样坚持和发展中国特色社会主义。我党进行了艰辛理论探索，取得重大理论创新成果，形成了习近平新时代中国特色社会主义思想，这也是中国建筑企业高质量发展的基本思想。

## 第一节　思想实质

　　习近平在中共十九大报告中说："十八大以来，国内外形势变化和我国各项事业发展都给我们提出了一个重大时代课题，这就是必须从理论和实践结合上系统回答新时代坚持和发展什么样的中国特色社会主义，怎样坚持和发展中国特色社会主义，包括新时代坚持和发展中国特色社会主义的总目标、总任务、总体布局、战略布局和发展方向、发展方式、发展动力、战略步骤、外部条件、政治保证等基本问题，并且要根据新的实践对经济、政治、法治、科技文化、教育、民主、民族、宗教社会、生态文明、国家安全、国防和军队、'一国两制'和祖国统一、统一战线、外交、党的建设等各方面作出理论分析和政策指导，以利于更好坚持和发展中国特色社会主义。"

　　围绕新时代中国特色社会主义思想本质，习近平在中共十九大报告中说："明确坚持和发展中国特色社会主义，总任务是实现社会主义现代化和中华民族伟大复兴，在全面建成小康社会的基础上，分两步走在本世纪中叶建成富强民主文明和谐美丽的社会主义现代化强国；明确新时代我国社会主要矛盾是人民日益增长的美好生活需要和不平衡不充分发展之间的矛盾。必须坚持以人民为中心的发展思想，不断促进人的全面发展、全体人民共同富裕；明确中国特色社会主义事业总体布局是'五位一体'，战略布局是'四个全面'，强调坚定道路自信、理论自信、制度自信、文化自信；明确全面深化改革总目标是完善和发展中国特色社会主义制度，推进国家治理体系和治理能力现代化；明确全面推进依法治国总目标是建设中国特色社会主义法治体系、建设社会主义法治国家；明确党在新时代的强军目标是建设一支听党指挥、能打胜仗、作风优良的人民军队，把人民军队建设成为世界一流军队；明确中国特色大国外交要推动构建新型国际关系，推动构建人类命运共同体；明确中国特色社会主义最本质的特征是中国共产党领导，中国特色社会主义制度的最大优势是中国共产党领导，党是最高政治领导力量，提出新时代党的建设总要求，突出政治建设在党的建设中的重要地位。"习近平在中共十九大报告中深刻揭示了新时代中国特色社会主义思想的本质。

## 第二节　思想形成

　　新时代中国特色社会主义思想是社会主义思想理论继承与发展，是中国共产党艰辛的长期探索与实践，是中国共产党集体智慧结晶。

　　1. 是社会主义思想理论继承与发展。习近平同志在中共十九人报告中指出："新时代中国特色社会主义思想是对马克思列宁主义、毛泽东思想、邓小平理论、'三个代表'重要思想、科学发展观的继承和发展"，由此产生了新时代中国特色社会主义思想的基础。马克思主义揭示了社会主义的基本学说、列宁主义概括了俄国十月革命社会主义成功的经验。毛泽东思想是把马克思主义、列宁主义同中国革命和中国建设具体实际相结合，确立了中国共产党的领导地位。邓小平理论提出了社会主义初级阶段、实践是检验真理的唯一标准及实事求是的对外改革开放科学论断。"三个代表"重要思想集中体现了中国共产党始终代表中国先进生产力的发展要求、中国先进文化的前进方向、中国最广大人民的根本利益。科学发展观揭示了中国社会经济文化发展科学原理。马克思主义、列宁主义、毛泽东思想、邓小平理论、"三个代表"重要思想、科学发展观是社会主义理论学说，所以新时代中国特色社会主义思想是对马克思列宁主义、毛泽东思想、邓小平理论、"三个代表"重要思想、科学发展观的社会主义思想理论继承与发展。

2. 是中国共产党长期的艰辛探索与实践。中国共产党自 1921 年 7 月 1 日诞生以来，经历了长期的社会主义革命和社会主义建设的伟大实践，并进行了长期的艰辛探索。一百年前，十月革命一声炮响，给中国送来了马克思列宁主义。中国先进分子充分觉悟与认识，中国人民要反抗长期的封建统治和外来侵略，中国人民要站起来，要谋求民族独立、人民解放和国家富强、人民幸福，只有在中国共产党领导下才能实现。所以中国人民确立了中国共产党领导地位，这个思想形成取得了中国抗日战争、解放战争的伟大胜利，实践证明了毛泽东思想的正确性，使中国人民站起来了。中华人民共和国建立后，我国迈入了社会主义建设阶段，在社会主义中国建设初期，我们党也走了不少弯路，正在我国社会主义建设关键时期，我们党确定了我国处于社会主义初级阶段及实践是检验真理唯一标准，实事求是改革开放，走社会主义市场经济发展路线，从此中国人民富起来。当中国人民刚刚富起来的时候，中国共产党人应如何更好领导中国社会主义事业建设与发展；我们党又表明中国共产党始终代表中国先进生产力的发展要求、始终代表中国先进文化的前进方向、始终代表中国最广大人民根本利益的"三个代表"重要思想，为保持我国社会主义持续发展发挥了很大作用。随着经济发展，以人为主的科学发展观使我国社会经济文化建设保持了健康发展态势，使我国进入了新时代。当我国进入新时代，我们党认真分析了我国社会主要矛盾的变化。习近平在中共十九大报告提出："我国社会主要矛盾已经转化为人民日益增长的美好生活需要和不平衡不充分的发展之间的矛盾。"针对这个社会矛盾，我们党又提出了新时代中国特色社会主义思想，包括新时代坚持和发展中国特色社会主义的总目标、总任务、总体布局、战略布局和发展方向、发展方式、发展动力、战略步骤、外部条件、政治保证等基本问题，并且根据新的实践对经济、政治、法治、科技、文化、教育、民主、民族、宗教、社会、生态文明、国家安全、国防和军队、"一国两制"和祖国统一、统一战线、外交、党的建设等方面作出理论分析和政策指导，以利于更好坚持和发展中国特色社会主义。在新时代中国特色社会主义思想指导下，使中国人民开始强起来。综上所述：习近平新时代中国特色社会主义思想形成是通过中国共产党长期的艰辛探索取得的重大理论创新成果。

3. 是中国共产党独特视野规律认识与把握：新时代中国特色社会主义思想按照对共产党执政规律，明确了中国特色社会主义思想最本质特征是中国共产党领导。按照社会主义建设规律，构划了中国社会主义制度最大优势是中国共产党领导。按照人类社会发展规律，提出坚持以人民为中心。按照新时代条件和实践要求，明确了坚持和发展中国特色社会主义，总任务是实现社会主义现代化和中华民族伟大复兴，在全面建成小康社会基础上，分两步走在本世纪中叶建成富强民主文明和谐美丽的社会主义现代化强国。按辩证唯物主义和历史唯物主义理念明确了新时代我国社会主要矛盾、总体布局、战略布局、发展方向、发展动力、战略步骤、外部条件、政治保证等基本问题。这是新时代中国特色社会主义思想形成的基本方法，其形成方法充分体现了中国共产党智慧结晶。

## 第三节　思想内涵

习近平同志在中共十九大报告中指出："新时代中国特色社会主义思想……是全党全国人民为实现中华民族伟大复兴而奋斗的行动指南，必须长期坚持并不断发展。"新时代中国特色社会主义思想是全党全国人民为实现中华民族伟大复兴而奋斗的行动指南，而建筑企业高质量发展是中华民族伟大复兴的具体工程。建筑业是国民经济支柱产业，建筑企业是建筑业的基本支撑。所以建筑企业高质量发展必须以习近平新时代中国特色社会主义思想为基本思想。

中国革命和中国建设不同时期的中国共产党所确定的思想理论取得一个又一个胜利，毛泽东思想指导我国抗日战争、解放战争的伟大胜利。邓小平理论指导下取得我国改革开放经济建设的伟大胜利。在"三个代表"重要思想指导下，我国经济取得持续健康发展的伟大胜利。在科学发展观指导下，我国经济建设保证了稳定性发展，习近平新时代中国特色社会主义思想是取得中华民族伟大复兴事业的根本保障。中国革命和中国建设是在中国共产党的正确思想指导下取得胜利，这是中国共产党97年来的实践证明。所以习近平新时代中国特色社会主义思想必然是建筑业高质量发展的基本思想，并在习近平新时代中国特色社会主义思想指导下，保持促进建筑企业高质量发展。

建筑企业高质量发展必须贯彻习近平新时代中国特色社会主义思想的基本理论、基本路线、基本方略，在习近平新时代中国特色社会主义思想指导下，坚持党的领导，并注重把企业董事长、总经理及高层管理人员培养为中国共产党党员，其企业党委或党支部委员会，应由企业高层管理人员为主体组建，党委或党支部委员会负责人由企业董事长或总经理党员担任，把党的领导与党的建设作为企业发展的重要工作举措。坚持以人民为中心，并注重强化以企业员工民主管理为主体，建立民主管理制度体系。同时改革企业分配制度，坚持按劳分配原则，维护职工权利。坚持全面深化改革，注重改革企业管理制度、体制机制，破除一切不合时宜的思想观念和机制、体制弊端、突破利益固化藩篱。坚持新发展理念，贯彻落实创新、协调、绿色、开放、共享的发展理念。构建系统完备、科学规范、运行有效的制度体系，充分发挥我国社会主义制度的优越性。坚持人民当家作主，彻底改变企业员工从企业雇工关系为企业的主人关系，注重组织企业全员参股或大部分员工参股。坚持全面依法治国，突出企业依法运行、按法按规治企，把依法治国思想贯串在建筑企业高质量发展之中。坚持社会主义核心价值作为企业高质量发展价值，发扬优秀的中国建筑文化。坚持在发展中保障和改善民生，突出建设满足人民美好生活需要的住宅建筑、工作场所建筑。努力提高员工福利待遇，提升员工各类保障覆盖率，努力改善民生。坚持人与自然和谐共生，在建筑项目施工过程中保护自然生态环境，积极营造生态环境工程，大力开发生态环境保护技术与产品，把人与自然和谐工程思想落到实处。坚持总体国家安全观，开展国家安全教育，自觉主动维护国家安全。坚持党对人民军队的绝对领导。积极参加国防工程建设，组织职工进行军事训练，提升军事素质。坚持"一国两制"和推进祖国统一，积极参与台湾香港地区工程建设，主动与台湾香港地区建筑界进行技术交流。坚持推动构建人类命运共同体，努力开拓国际建筑市场，积极参加国际建筑技术交流与合作。坚持全面从严治党，自觉强化党组织建设，积极参与反腐败斗争，坚持走企业公平竞争之路，构建风清气正的建筑市场环境。全面贯彻落实习近平新时代中国特色社会主义思想，把贯彻落实习近平新时代中国特色社会主义思想落在实处，推进建筑企业高质量发展。

## 第四节　思想效能

习近平新时代中国特色社会主义思想在我国建筑企业高质量

发展征程中对增强企业竞争力、凝聚团队力、强化企业综合实力起到极其重要的作用。

1. 建筑企业高质量发展方略中贯彻习近平新时代中国特色社会主义思想能够有效提升企业市场竞争力。因为习近平新时代中国特色社会主义思想发展理念是创新、协调、绿色、开放、共享的发展理念；发展主线质量第一，效益优先；主攻方向为供给体系质量，把创新引领作为第一动力。以供给体系质量作为主攻方向，并把创新引领作为第一动力的企业应为极具市场竞争力企业，因为其符合市场竞争当代最佳要素。市场竞争在中国市场经济体系目标完善之中，不以价格为第一要素，而是以质量绿色创新为第一要素，简单地讲，企业所生产的产品质量一流，且绿色环保，技术含量高，这种产品当然无可置疑在市场上极具竞争力。习近平新时期中国特色社会主义思想中包含着我国及国际市场经济竞争要素的最佳成分，所以建筑企业高质量发展方略中贯彻习近平新时代中国特色社会主义思想能够很好提升企业市场竞争力。

2. 建筑企业高质量发展方略中，贯彻习近平新时代中国特色社会主义思想能够提升企业团队凝聚力。因为习近平新时代中国特色社会主义思想确立了以人民为中心，人民是历史创造者，是决定党和国家前途命运的根本力量，必须坚持人民主体地位，坚持立党为公，执政为民，践行全心全意为人民服务的根本宗旨，把党的群众路线贯彻到治国行政的全部活动之中，把人民对美好生活的向往作为奋斗目标，依靠人民创造历史伟业，同时确立了坚持人民当家作主的政治主张。把坚持在发展中保障和改善民生，增进民主方面作为发展的根本目的。把我国现阶段人民日益增长的美好生活需要和不平衡不充分的发展之间的矛盾作为社会主要矛盾进行解决，这充分体现了以人为本、以人民为中心的习近平新时代中国特色社会主义思想，这个思想必然得到全国人民的拥护与支持，极大地提升了中国共产党的凝聚力。中国共产党的光荣传统就是相信人民、依靠人民、发动人民取得了抗日战争、解放战争、社会主义革命一个又一个胜利，一个又一个伟大创举与成果。目前我国正处在转变发展方式，优化经济结构，转换增长动力的关键期，建设现代化经济体系跨越关口，这个关键时期应用习近平新时代中国特色社会主义思想武装全党、全国人民必将使我国人民呈现空前团结，空前和谐与稳定，空前发展。试想建筑业企业在高质量发展方略中，始终贯串着习近平同志新时代中国特色社会主义思想，我们兴办实业、企业发展，一切为着企业职工，想职工所想，急职工所急，谋职工所谋，何忧我们的团队不能凝聚，何忧我们的企业不能发展。市场经济 40 年的发展经验也告诉我们，一家企业发展的成功不是靠哪一个人，而是靠企业全员共同努力。在我国建筑企业高质量发展方略中，始终贯彻着习近平新时代中国特色社会主义思想，我们的企业一定能够呈现出空前的团队凝聚力、空前的企业发展力。

3. 建筑企业高质量发展方略中，贯彻习近平新时代中国特色社会主义思想能够强化企业综合实力：习近平新时代中国特色社会主义思想中，包括发展理念，发展是解决一切问题的关键，我们的发展是科学发展、高质量发展，这是习近平新时代中国特色社会主义思想内容之一。首先，在建筑企业高质量发展方略中，坚持科学高质量发展，这是思想原则，至少企业发展不会走弯路，能够向前发展。其次，高质量科学发展能够打造品牌，树立市场信誉，拓展市场，这必然能够推进企业发展，强化企业实力。另外通过应用习近平新时代中国特色社会主义思想，创造企业尊重人才的氛围，更好地吸纳人才，提升企业综合实力。最后，我们企业在高质量发展中应用习近平新时代中国特色社会主义思想，能够更好调动全员积极性与创造性，提升生产效率与技术，其效率与技术能力同为企业基础实力。

## 第五节　应用方法

习近平新时代中国特色社会主义思想形成具有笃实的理论基

础与实践基础，并确立为我们的行动指南。同时，习近平新时代中国特色社会主义思想在我国建筑企业高质量发展中贯彻落实具有极其的必要性与增力、凝心、强基的重要性，所以我国建筑企业高质量发展方略中必须始终贯彻习近平新时代中国特色社会主义思想，把习近平新时代中国特色社会主义思想贯彻落实在企业管理建设发展中，贯彻落实在企业经营建设发展中，贯彻落实在企业文化建设发展中，全面应用习近平新时代中国特色社会主义思想，掀起建筑企业高质量发展新高潮，为实现中华民族伟大复兴的中国梦，谱写建筑企业高质量发展辉煌篇章。

1. 把习近平新时代中国特色社会主义思想贯彻在我国建筑企业高质量发展管理建设之中，重点强化党的组织建设，在企业管理层中均应设立党组织，上至企业、下至项目部。企业各级管理组织机构中均应要有党员代表参加，包括企业董事会、监事会、行政管理等，充分实现党的领导地位，重点强化民主管理，企业中应完善职代会制度，建立健全工会组织，实现员工主人地位。调整企业股权结构，要充分吸纳普通职工参加企业投股，其覆盖率应达到名册员工 95% 以上，适度减少企业高层管理人员股权比例，提升员工主人地位。完善企业管理制度，应建立企业党组织活动制度、议事制度，实现党的"三会一课"制度的正常化、规范化，同时办好企业党校，使党组织及党员在企业内有活动、有位置、有权威。应建立企业工会职代会活动制度，同时办好企业职代会，使广大职工有阵地、有话语权。应着力完善企业职工维权制度管理体系，应把企业员工工作生活福利、劳动保障以及住房保障，医疗保障列入规范化管理范围。应着力完善企业安全管理制度，细化至施工生产过程的每个环节，突出以人为本思想，从企业管理建设中贯彻落实习近平新时代中国特色社会主义思想。

2. 把习近平新时代中国特色社会主义思想贯彻在我国建筑企业高质量发展经营建设之中。重点破除关系经营理念，要充分认识我国经济高质量发展阶段中，靠关系、靠腐败是不能发展经济的，中国经济高质量发展阶段中，应以市场有序公平公正发展。所以建议住房城乡建设部应进一步规范完善市场竞争体系，所有工程项目应统一纳入市场招投标管理范围。同时建筑企业应注重管理、注重创新、注重人才集聚、注重技术储备、注重打造品牌，以实力争市场。另外，我国建筑企业还应转变经营发展方向，我国目前大中城市基础建设包括房屋建设的发展空间受限，未来中国城市建设应以高档智能化艺术性建筑为主体。所以建筑企业在大城市建筑市场上应立足于智能工程项目与现有基础设施维护改造工程项目，总体上讲，我国建筑的主体市场不在大城市，根据习近平同志十九大报告精神，国家将把乡村振兴建设，老区、民族地区、边疆地区、贫困地区及雄安新区建设为重点，同时注重教育、建筑市场，应向农边老贫区域拓展，向健康领域渗透的经营思路。再一点，国家提出了"一带一路"倡议，我们应抓住机遇，开赴国际市场，把习近平新时代中国特色社会主义思想深入落实到我国建筑企业高质量发展经营建设之中，审时度势、开拓市场、扩大规模。

3. 把习近平新时代中国特色社会主义思想贯彻在我国建筑企业高质量发展文化建设之中。习近平新时代中国特色社会主义思想包括坚定文化自信思想，习近平同志中共十九大报告中说："文化是一个国家，一个民族的灵魂。文化兴国运兴，文化强民族强，没有高度的文化自信，没有文化的繁荣兴盛，就没有中华民族的伟大复兴。"习近平同志在十九大报告中的这段精神，把文化提升到前所未有的高度，同时说明了文化意识形态的重要性。我国建筑企业高质量发展中，离不开建筑企业文化建设的支撑。企业文化兴企业兴，企业文化强企业强。不同类型企业有不同类型企业文化，不同企业有不同企业的文化特点。但总体上在我国新时代高质量发展阶段中，应把习近平新时代中国特色社会主义思想贯串在企业高质量发展文化建设之中，从企业管理文化中应突出将党的领导融入管理体制机制中。从企业经营文化中应突出将为人民服务的文化思想融入企业经营全过程，并应组织创造歌颂党、歌颂职工、歌颂工匠、歌颂劳模、歌颂人才的文艺作品，推动习近平新时代中国特色社会主义思想在我国建筑企业高质量发展中发扬光大，推动建筑企业高质量发展。

综上所述，习近平新时代中国特色社会主义思想形成具有丰富的理论与实践基础，是我党我国人民实现中华民族伟大复兴的行动指南，同时也是我国建筑企业高质量发展指南。贯彻落实习近平新时代中国特色社会主义思想将对我国建筑企业高质量发展中起到至关重要的增力、凝心、强基作用。贯彻落实执行习近平新时代中国特色社会主义思想，应注重把习近平新时代中国特色社会主义思想贯彻在企业管理、经营、文化建设的各个领域、各个环节中。但我们的研究分析是不全面的、不系统的，仍需同行共同研究完善。

# 第七章　建筑企业高质量
# 发展基本趋向

习近平同志在中共十九大报告中，向全党全国各族人民及全世界庄严宣告："我国经济已由高速度发展阶段转向高质量发展阶段。"这个宣告是号召全党全国人民在以经济发展为中心主题中，突出高质量发展。我党我国人民、我国各行各业，东西南北中，积极响应习近平同志的号召，投身于高质量发展之中，建筑企业亦为如此，亦无例外。那么，建筑企业高质量发展趋向如何？这是建筑企业需要研究探讨的问题，也是建筑企业需要了解的问题。

我们深刻理解习近平同志在中共十九大报告的精神实质，认真研读国内外高质量发展基础理论，深入调查我国建筑业企业现状，综合分析，我国建筑企业高质量发展趋向应进入"六个化"，即建筑企业管理程序规范化；建筑企业技术先进国际化；建筑企业经营智能快速化；建筑企业风险可控化；建筑企业生产机械智能化；建筑企业产品艺术精品化。

## 第一节　程序规范化

习近平同志在中共十九大报告中指出："坚持全国依法治国。全面依法治国是中国特色社会主义的本质要求和重要保障。"这是习近平同志站在全党全国全社会角度对国家治理作出的精辟论断。我们站在建筑企业高质量发展这个角度理解建筑企业高质量发展必须依法、依规管理，实施程序规范化。建筑企业高质量发展阶段中，实施依法、依规程序化管理亦是建筑企业高质量发展阶段的本质要求和重要保障。管理保质量，管理出效益，管理促发展，这是我国建筑企业多年的成功经验，也是市场经济运行的客观规律。

建筑企业高质量发展中程序规范化管理内涵是什么，如何构划建筑企业高质量发展程序规范化管理体系？习近平同志在中共十九大报告中，关于全面依法治国战略中讲了这个问题。报告中明确，应把依法治国贯彻落实到全过程和各方面，完善以宪法为核心的中国特色社会主义法治体系，建设社会主义法治国家，依法治国和依规治党有机结合的精神实质。从中我们领悟到建筑企业高质量发展中程序规范管理内涵及构划建筑企业高质量发展程序规范化管理体系的着力点。建筑企业高质量发展阶段中程序规范化管理立足以国家宪法及相关法律为依据，以建筑企业高质量发展为中心，把质量程序规范管理贯串在经济运行活动全过程与各方面。包括企业发展决策，企业人才引进使用，金融财务风险防范，质量安全风险防范，工程项目投标、勘察、设计、施工全过程。以现有企业各项程序标准规范为基础，着力完善企业管理程序规范，包括行政决策、人事管理、材料设备、质量安全程序规范，着力完善项目管理程序规范。包括工程项目投标程序规范，工程项目设计程序规范、工程项目勘察程序规范、项目施工组织设计程序规范、项目施工程序规范、工程项目验收交付使用程序规范。也就是以质量管理为中心，把程序规范管理贯串到企业经营活动的全过程多方面，达到程序化，这是建筑企业高质量发展本质性发展趋向，也是必然发展趋向。

建筑企业高质量发展如何进入程序规范化？关键是建立企业标准化管理机构，制定标准化管理标准，完善企业标准管理体系，实施标准应用过程监管三个方面。建立企业标准化管理机构，企业应由企业总工牵头，集聚专业标准化人才以及企业各职能负责人参加的企业标准化管理机构，全权负责标准制定，完善与管理。制定企业标准化管理标准，明确企业标准体系及其类别等级，明确标准编制、修订发布程序方法等。完善企业标准体系，在现有企业标准体系基础上，修订补充完善企业标准，实施标准应用过程监督，住房城乡建设部与各级建设行政主管部门加强对企业标准应用执行情况进行检查，并开展标准执行情况评比，列入工程项目、企业评优之中。同时企业也应进行标准使用执行情况长期性跟踪检查及评比，使建筑企业生产管理经营活动，完全进入高端程序规范化之中，用标准管理企业，保证建筑企业高质量发展。

## 第二节 技术发展

习近平同志在中共十九大报告中提出："综合分析国际国内形势和我国发展条件，从二〇二〇年到本世纪中叶可以分两个阶段来安排。第一阶段，从二〇二〇年到二〇三五年，在全面建成小康社会的基础上，再奋斗十五年，基本实现社会主义现代化。到那时，我国经济实力、科技实力将大幅跃升，跻身创新型国家前列；人人平等参与、平等发展权利得到充分保障，法治国家、法治政府，法治社会基本建成，各方面制度更加完善，国家治理体系和治理能力现代化基本实现；社会文明程度达到新的高度，国家文化软实力显著增强，中华文化影响更加广泛深入；人民生活更为宽裕，中等收入群体比例明显提高，城乡区域发展差距和居民生活水平差距显著缩小，基本公共服务均等化基本实现，全体人民共同富裕迈出坚实步伐；现代社会治理格局基本形成，社会充满活力又和谐有序；生态环境根本好转，美丽中国目标基本实现。第二阶段，从二〇三五年到本世纪中叶，在基本实现现代化基础上，再奋斗十五年，把我国建成富强民主文明和谐美丽的社会主义现代化强国。"实现这个目标前提是技术达到国际高端先进水平。建筑业是我国国民经济发展中的四大支柱产业之一，建筑企业高质量发展根本是高质量技术发展，也就是要达到国际先进水平。

建筑企业高质量发展中，企业技术国际先进，也就是我们企业其技术水平达到或超过国际现代技术水平，这里的技术水平主要是涉及建筑产品要素与过程技术水平，包括设计、勘察、施工水平和结构水平、基本质量水平、速度水平、使用材料成本水平、产品使用功能水平达到或超过国际先进水平，这是建筑企业高质量发展的必然要求与基本发展趋向。

建筑企业如何适应高质量发展要求？如何跨入建筑技术先进国际化门槛？习近平同志在中共十九大上提出："强化知识产权创造、保护、运用，培训造就一大批国际水平的战略科技人才、科技领军人才、前瞻科技人才和高水平创新团队。"习近平同志报告中的这段讲话为我们建筑企业高质量发展阶段迈入技术高端先进国际化门槛指明了方向，我们根据中共十九大报告精神，应重点进行知识产权创造保护利用，充分发挥企业现有科技人才作用，进行技术研发，重视知识产权，同时进行企业间合作技术开发，创造知识产权，并与高等院校进行深度融合、研究开发，采取多条腿走路创造知识产权，实施知识产权保护。按照国家法律规定，制定知识产权保护细则。配置知识产权专有律师，追查知识产权侵权行为，大力度利用自主知识产权与引进新技术、新材料、新设备，并把自有知识产权技术与引进技术，融入企业施工组织设计、工程项目设计、工程项目施工及企业经济活动运行与管理之中，建议住房城乡建设部尽快制定政策，把应用自主知识产权与引进技术列入工程项目投标加分，评优考核依据之中。大力培养造就一大批国际水平的战略科技人才，对现有技术人才给予外出考察学习，选送定向培训，给予交任务、压担子，实施技术研发奖励，同时大力度引进国内外高端人才，实施高位、高薪、超常引进方式，企业制定人才培养与引进计划，设立人才培养与引进基金，造就一大批国际尖端人才队伍。多管齐下，使建筑企业技术水平跨入国际先进门槛，为建筑企业高质量发展提供技术支撑。

## 第三节 经营方式

建筑企业高质量发展，不是不讲究速度，而是把速度列入高质量范畴，高质量发展阶段包含着经济高速发展要素。而建筑企业高质量发展中的经济运行发展速度是通过现有技术方法进行的速度提升。建筑企业高质量发展实质为应用智能数字化提速发展的方式。习近平同志在中共十九大报告中提出"数字中国"，其精神就是采用大数据智能化手段发展经济。建筑企业高质量发展的核心手段，就是应用高端智能数字化手段，这是我国建筑企业高质量发展必然要求和发展趋向。

建筑企业经营智能快速化包括经营活动过程智能快速化、专项要素活动智能快速化两个方面。其经营活动过程智能快速化主要是建筑工程项目设计智能快速化、勘察智能快速化、施工智能快速化等三个环节。其专项要素活动智能快速化，主要是工程项目信息收集筛选智能快速化、工程项目投标过程智能快速化、工程项目材料采购智能快速化、工程项目资金流动结算智能快速化、工程项目资料收集备案智能快速化。通俗地讲，围绕企业经营活动主体中的各环节过程、各要素实施过程均采用互联网大数据智能系统进行处理，为建筑企业经营智能快速化。

要使企业经营过程活动迈入智能快速化之列，建筑企业注重技术人员培训，使全员掌握智能快速化操作方法，同时要集聚建筑智能软件程序设计师人才，大力度开发软件，适应建筑企业过程活动迈入高智能快速化需求或引进软件开发企业进行相关合作。

## 第四节　风险预控

建筑企业高质量发展过程也是风险预控过程。企业的经营活动无时无刻均存在风险，在我国经济高速度发展阶段不少企业因经营活动风险防范不到位，发生经济、安全、技术、政策、物价、灾害等方面问题，使企业造成很大损失或灭亡，这些事例举不胜举。建筑企业高质量发展本质要求风险预控周密化，风险损失最小化。对此习近平同志在中共十九大报告中还特别强调了要

"健全金融监管体系，守住不发生系统性金融风险底线"。

当然建筑企业高质量发展阶段，不仅严守不发生系统性金融风险底线，还应守住不发生系统性质量、安全、物价、技术、政策灾害等方面的风险底线，才能为建筑企业高质量发展，才能确保建筑企业高质量发展。严守风险底线，关键是企业全员，特别是企业决策层应存风险防范意识，时时事事抓住风险防范这根弦，对每一项经营活动环节，均对金融经济、质量安全、物价政策、技术产权等方面进行思考分析，必要时召开企业高层会议进行研讨论证，严守风险底线重点是制定各类风险防范预案，提前做好风险防范的各种准备，控制风险发生。严守风险底线，应将各类风险列入保险范围，特别建筑工程金融风险、质量风险、安全风险、灾害风险等重点性风险列入保险之列。国家保险部门对没有的险种应拓展，增加险种，减少风险损失。形成建筑企业风险预控周密化、风险损失最小化，保证建筑企业高质量发展。

## 第五节　智能机械

建筑企业的建筑产品制造几千年来，国内外均为劳动密集型产业，随着我国建筑产业高质量发展的客观实际需要，科学技术发展，劳动力的减少，应实施高端机械智能化。所谓建筑企业的建筑产品制造高端机械智能化，是指建筑产品制造过程采用智能机械实施全过程施工，在室内看着计算机屏幕，敲动键盘鼠标，启动机器人操作材料运输配置、夯实基础、吊装材料、墙体砌筑、房盖安装、管线安装、内外墙体喷涂装饰等一切生产制造环节。实质也就是习近平同志在中共十九大报告中所讲的，"加快发展先进制造业，推动互联网、大数据、人工智能和实体经济深度融合……"这实际在建筑产业中，把建筑产品制造的先进建筑机械与互联网、大数据、人工智能深度融合，实施建筑企业生产高端机械智能化。

目前我国建筑企业建筑产品制造过程，仍然以野外作业劳动密集为主体，半机械化程度施工，施工过程智能应用刚刚起步，未能从苦险重状态中解脱出来，要达到建筑企业生产高端机械智能化，而仍需一个过程。建筑企业及科研机构、大中院校、社会应共同努力，向建筑产品制造高端机械智能化方向发展，这也是我国建筑产业未来发展的必然趋势。

建筑企业生产机械智能化实现需要企业集聚建筑机械互联网、大数据、人工智能等方面的专业技术人才，构建综合性研究机构进行技术研究与攻关，开发新工艺、新设备、新材料。建筑企业生产机械智能化实现，需要建筑企业制定实施计划，进行分步实施，能用机械替代的不用人工操作，能用智能互联网大数据控制的不用人工控制，逐步向建筑产品生产机械智能化发展。

## 第六节　精品艺术

建筑产品本质是一种艺术文化，应注重体现艺术文化特征，同时在艺术文化基础上实现精品。所谓建筑精品产品，其中包含着艺术文化的本质特征，同时体现产品使用寿命、功能及舒适度最大化三个基本特性。

中国是一个具有八千多年文明国家，文化内涵深厚，同时中国建筑历史久长，从这一点来说，我们有打造建筑产品精品艺术化的文化基础。同时建筑产业高质量发展表现的基本方法，就是建筑产品精品艺术化。习近平同志在中共十九大报告中提出，我们要做全球发展的贡献者，推动人类命运共同体建设。作为建筑行业营造建筑产品艺术精品就是最佳的落脚点，同时习近平同志在中共十九大报告中还指出："文化是一个国家、一个民族的灵魂。文化兴国运兴，文化强民族强。没有高度的文化自信，没有文化的繁荣兴盛，就没有中华民族的伟大复兴。"习近平同志这段讲话内容深刻阐述了文化发展的重要性，同时反映了建筑文化的重要性，建筑产品艺术精品化的实现，既是体现中共十九大精神的贯彻落实，彰显了中国建筑文化的特色，也说明了建筑产品艺术精品化的社会时代需求。

建筑产品艺术精品化打造首先需要建筑施工企业在建筑施工过程中，立足在精字上下功夫，在细字上做文章，应用前瞻性技术水平雕刻建筑产品。其次需要建筑设计企业更新理念，挖掘中国传统建筑文化，精心设计建筑艺术产品。再次需要科研机构大力研究开发新材料、新设备、新工艺，适应建筑产品高端艺术精品化设计施工需求。另外还需要政府及其建设行政主管部门进行政策引导与扶持，制定建筑产品高端艺术精品化鼓励，给予建筑产品精品化技术研发与施工进行政策性补贴、组织开展评比，或在现有国家行业协会组织开展的优质工程评选中，把建筑产品艺术性特征列入评比条件，推进建筑产品艺术精品化进程。

总之，建筑企业高质量发展趋向，是管理更加程序规范化、技术更加先进国际化、经营更加智能快速化、风险更加预控周密化、生产更加机械智能化、产品更加艺术精品化的高质量运行状态。

# 第八章　建筑企业高质量发展基本命脉

在我国经济高质量发展阶段中，我国建筑企业高质量发展最本质的命脉是什么？这是我们建筑企业界人士均须了解的问题。

那么什么是我国建筑企业高质量发展的本质命脉，可能不少人回答是经济基础或人才基础或市场基础，经济基础、人才基础、市场基础固然很重要，但不是我国建筑企业高质量发展的本质命脉。

涉及我国建筑企业高质量发展的本质命脉应为四个字"质量安全"。质量与安全至关重要，这是我国建筑企业普遍知道的道理，质量第一、安全第一，讲了不知多少年，国家建设行业行政主管部门，不知发了多少文件，建筑企业不知采取了多少条措施，不知开了多少次会议，质量安全字眼在媒体上出现过多少次，但把质量安全作为一个统一体，提出建筑产品质量安全保障是建筑企业高质量发展的本质命脉可能还是第一次。那么为什么说我国建筑企业高质量发展的本质命脉是建筑产品质量安全保障，如何理解建筑产品质量安全这个基本概念？同时在我国现阶段建筑企业在建筑产品建设或为制造施工过程中，建筑产品质量安全保障亟需解决的问题是什么？以及在新时代中国特色社会主义制度条件下，如何保障建筑产品质量安全，新时代中国特色社会主义制度条件下，保障建筑产品质量安全有何特殊意义等相关问题。

## 第一节　发展命脉

建筑产品质量安全保障是建筑企业高质量发展的本质命脉，

这是党的方针政策对建筑产品质量安全特殊性要求所决定的，是新时代中国特色社会主义制度所决定的，是我国建筑企业生存发展要求所决定的。

1. 党和国家的方针政策决定建筑产品质量安全是建筑企业高质量发展的本质命脉：中共十九大报告中强调了实施健康中国战略，提高保障和改善民生水平等一系列要求，其实施中国健康战略，保障和改善民生水平与建筑产品质量安全具有直接关系，人民健康、民生保障改善因素是人民衣食住行玩几个方面，人民美好生活向往重要因素仍为衣食住行玩几个方面。而住则是几个要素中的核心要素，食品质量安全与建筑产品质量安全则是保障人民健康，追求美好生活的核心要素，可以这样理解，没有食品质量安全与建筑产品质量安全就没有人们的健康，就没有人民生活保障改善，就没有人民美好生活，这是最核心、最基本的要素。所以我们从中共十九大报告精神中领悟到党和国家的方针政策决定着建筑产品质量安全是我国建筑企业发展的本质命脉。同时 2017 年国务院办公厅印发了《关于促进建筑业持续健康发展的意见》第四条着重提出加强工程质量安全管理的相关规定，规定中明确提出，造成工程质量安全事故，将给予责任单位停业整顿、降低资质等级、吊销资质证书等相关处罚。由此可见，建筑产品质量安全直接关系到企业的生死存亡，所以党和国家的方针政策决定着建筑产品质量安全是建筑企业高质量发展的本质命脉。

2. 中国特色社会主义制度决定着建筑产品质量安全是建筑企业高质量发展的本质命脉，新时代中国特色社会主义总任务是实现社会主义现代化和中华民族伟大复兴。现代化强国建设灵魂是人民生活美好、生活健康，因为中国共产党以为人民服务为根本宗旨，建筑产品质量安全直接关系到人民生活美好与健康，所以中国特色社会主义制度决定我国建筑企业高质量发展的本质命脉是建筑产品质量安全。

3. 建筑企业生存发展要求决定建筑产品质量安全是建筑企

业高质量发展的本质命脉。一方面我国相关政策已经明确，建筑产品质量安全是建筑企业高质量发展的本质命脉。因为建筑企业一旦出现质量安全事故，企业必将受到严惩，并有吊销资质的危险，受到严惩与吊销资质证书，企业当然不能发展，更谈不上高质量发展，甚至有灭亡的危险。另一方面，任何建筑企业所制造的建筑产品及其制造过程中，一旦出现质量安全事故必然造成很大的经济损失，同时严重影响企业的信誉与工程任务的承接，必然导致企业不能高质量发展，甚至拖入灭亡的深渊。所以建筑企业生存发展决定建筑产品质量安全是建筑企业高质量发展的本质命脉。

## 第二节　命脉定位

习惯意义上的建筑质量与安全是两个不同的概念。建筑质量特指建筑产品施工过程质量水平达到国家建筑质量技术标准要求的质量，建筑产品综合性检验，检测符合国家建筑质量技术标准要求的质量。建筑安全是特指建筑产品施工过程符合国家行业安全技术标准，并未发生任何安全事故。这个基本内涵是我国建筑行业长期以来，从施工实践过程及国家行业所制定的政策导向中产生的建筑产品质量与安全的基本内涵思想，这个内涵思想，我们认为是我国建筑产品质量与安全的狭义性内涵，也是我国建筑产品质量与安全传统性内涵的基本思想。

我们深刻理解建筑企业高质量发展阶段建筑产品质量安全内涵思想应从建筑产品质量与安全两个概念整体性思考，应从建筑产品施工过程与应用统一性思考，应从新时代中国特色社会主义思想体系上进行综合界定的基本原则。

1. 深刻理解建筑企业高质量发展建筑产品质量安全内涵，应从建筑产品质量与安全两个概念整体性思考。众所周知，传统意义上的建筑产品质量与安全本质是一对孪生兄弟，是割不开的连柄斧头。从建筑行业发展的历史与实践分析，凡建筑产品存在质量问题就存在安全隐患，相反建筑产品存在安全问题的，同样存在质量问题。但凡我们检验检测建筑产品存在质量问题，通过追究深度分析，我们的建筑制造及其使用均存在安全事故隐患，这是我们从事建筑产品制造施工及应用实践总结的基本经验。再说社会其他行业的自然规律也告诉了我们一个真理，比如说：食品质量安全问题，凡食品有质量问题的，绝对性存在安全问题。相反凡食品出现安全问题，绝对性存在食品质量问题，目前我国东北某企业所生产的狂犬疫苗使用中出现安全问题，生产过程中存在较多的安全隐患，通过深度追究调查，综合分析，该产品存在严重的质量问题。另外我们再从我们建筑企业建筑产品质量与安全关系上进一步剖析，假设我们在某工程项目施工中，对内部钢筋配置，采用劣质钢筋或低等钢筋，那么建筑产品质量肯定是不合格的，不合格的产品质量，肯定存在较大的安全隐患。假设在建筑工程项目施工过程中，不按安全操作规程进行操作。比如塔吊整体倾覆，出现较大事故，通过调查现场勘察，其原因无非是塔吊的本质质量问题或安装质量问题及施工人员操作质量问题，均与质量问题脱不了干系。所以我们界定建筑企业高质量发展质量与安全内涵，应从建筑产品质量与安全整体性思考定位，建筑产品质量应包括建筑产品安全，为突出建筑产品安全地位及其重要性，应界定为建筑产品质量是建筑产品安全的基础，建筑产品安全是建筑产品质量表现的特征。

2. 深刻理解建筑企业高质量发展中建筑产品质量内涵应从建筑产品制造与应用统一性理解。建筑产品制造与应用，这是两个不同过程，但建筑产品制造是为建筑产品应用服务的，建筑产品制造质量安全决定着建筑产品应用质量安全。相反建筑产品应用过程中的质量安全是建筑产品制造质量安全的表现，建筑产品应用过程中的质量安全问题，是建筑产品制造过程中存留的先天性隐患。这是古今中外建筑实践经验的总结。众所周知，我们从事建筑业，从事建筑产品制造目的是为人们提供生活工作娱乐场所空间，当然不完全是为自己营造生活工作娱乐空间的，所提供的建筑产品空间是为大众服务的。建筑产品制造质量安全决定着建筑产品应用质量安全，凡建筑产品制造过程中，通过检测检验，质量安全符合国家行业基本技术标准规范要求、设计要求，其产品在使用过程仍然经得起历史考验，不会出现重大的质量安全问题的，古埃及的金字塔、中国的万里长城，就是证明。人们习惯意义上的思维方式反映，建筑产品在使用过程中，感知认为质量好、安全度高，均会赞叹当时产品制造的质量安全。同时历史也证明，建筑产品使用过程质量安全，完全取决于建筑产品制造过程的质量安全。我国建筑历史中，曾有不少工程项目源于建筑过程质量安全问题，在使用较短时间之内倒塌及众多质量安全问题。2017年国务院办公厅印发的《关于促进建筑业持续健康发展的意见》第四条中强调严格执行工程质量终身责任制就是这个道理。

3. 深刻理解建筑企业高质量发展中，建筑质量安全内涵应从中国特色社会主义思想与人们美好生活需要相结合进行思考定位。新时代中国特色社会主义总任务是实现社会主义现代化和中华民族伟大复兴。其中国特色社会主义总任务中包括解决我国新时代人民日益增长的美好生活需要和不平衡不充分的发展之间的矛盾，突出以人民为中心的发展思想。也就是新时代中国特色社会主义思想与人民美好生活需要相一致，而我国建筑企业高质量发展的目的与新时代中国特色社会主义思想及人们美好生活需要也是一致的。深刻理解建筑企业高质量发展中建筑产品质量安全内涵思想，必须从新时代中国特色社会主义思想和新时代人们对美好生活需要结合起来思考，全面科学地界定建筑企业高质量发展的建筑产品质量安全内涵。

## 第三节　命脉内涵

建筑企业高质量发展建筑产品质量安全基本内涵，按照建筑产品质量与建筑产品安全整体性原则；按照建筑产品制造过程质量安全与建筑产品应用质量安全统一性原则；按照新时代中国特色社会主义思想与新时代人们对美好生活需要结合性原则，所定位建筑企业高质量发展建筑产品质量安全基本内涵：涵盖建筑产品质量与安全，涵盖建筑产品外观结构、内部环境功能；涵盖外部环境协调与自然灾害抗逆性建筑产品质量安全。

1. 建筑企业高质量发展建筑产品质量安全基本内涵，涵盖建筑产品全寿命周期的质量安全内涵：包括勘察设计、建筑施工、建筑产品应用、建筑产品拆除的全寿命周期的质量安全。建筑产品质量安全本质是一个广义上的，而不是狭义上的，哪一个过程存在建筑产品质量安全问题，均给下一个程序过程带来建筑产品质量安全隐患。勘察过程放过了质量要素，所提供的勘察数据有偏差，必然影响建筑产品设计质量安全。建筑产品设计上存在质量安全缺陷，必然埋下建筑产品制造施工质量安全祸根。建筑产品施工过程存在质量安全缺陷，必然给建筑产品使用带来建筑产品质量安全问题。建筑产品使用过程中出现了质量安全问题，建筑产品寿命周期就受到影响，应注重全寿命周期的质量安全问题，全过程按照国家现行技术标准规范执行，这是企业高质量发展建筑产品质量安全的内涵基础定义。

2. 建筑企业高质量发展建筑产品质量安全基本内涵，涵盖建筑产品质量与安全两个基本要素：建筑企业高质量发展建筑产品质量安全是一个不可分割的整体，简单地说建筑产品质量就是建筑产品安全，建筑产品安全就是建筑产品质量。建筑产品质量中涵盖建筑产品安全，建筑产品安全涵盖着建筑产品质量。因为一般优质建筑产品就是安全建筑产品，安全性建筑产品才是优质建筑产品，我们提出抓好建筑产品，提升建筑产品质量，实质就包括了应抓好建筑产品安全，提升建筑产品安全度。抓好建筑产品安全，提升建筑产品安全度，实质就包括抓好建筑产品质量，提升建筑产品质量水平。建筑产品质量的提升必须依靠建筑安全保障，建筑安全水平提升，需要建筑质量作基础保证，建筑产品质量安全是一个整体不可分割，这是建筑企业高质量发展建筑产品质量安全的内涵的本质定义。

3. 建筑企业高质量发展建筑产品质量基本内涵，涵盖建筑产品外观、结构、内部环境、功能四个核心要素。评判建筑产品质量安全，习惯意义上，首先评判建筑产品外观质量安全，其外观是否具有艺术性与美观性。如果人们觉得视觉效果、艺术性、美观性极差，可以肯定地认为该建筑产品质量安全性差，我国各级设置的建筑工作质量奖项评价体系，首先考核的建筑产品外观的艺术与美观性，把建筑产品艺术与外观作为基本考核评审依据。建筑产品结构稳定性则是建筑产品质量安全的主要标志，任何建筑产品结构不稳定，均视为建筑产品质量安全问题，这是无可置疑的，建筑产品结构不稳定肯定存在建筑产品质量问题，同时存在随时随地的不可预见重大质量安全事故隐患。建筑产品内部环境及其功能是否满足人民美好生活需求，内在环境视觉的舒适性、空气温度应适宜健康性。假设建筑产品的内部环境视觉不适性、空气温度调整不合性，这必然反映着建筑产品质量安全问题，给人们生活带来不安全因素、不健康因素、不舒适因素等。所以建筑企业高质量发展建筑产品质量安全内涵，突出建筑产品外观结构高度美观稳定性，内部环境功能自动调节舒适健康性，这是建筑企业高质量发展建筑产品质量安全特征性内涵定位。

4. 建筑企业高质量发展建筑产品质量安全基本内涵，涵盖着外部环境协调性与自然灾害抗逆性的建筑产品质量安全的基本内涵。任何建筑产品存在都与外部环境有着密切关系，高质量安全建筑产品应与外部环境有着高度协调，相反建筑产品与周边外部环境不和谐不协调，必然反映着建筑产品质量安全问题。比如说，建筑产品外部与高压线距离过近，在建筑产品制造与使用过程，常遭到电磁波干扰，甚至造成电击伤亡事故，这就是建筑产品在规划设计及外部处理上出现了质量安全问题。再比如建筑产品外部与化工厂距离过近，在建筑产品制造与使用过程，常受到有害气体侵袭，给人们在建筑产品制造与使用过程中造成伤害，危及人们的身体健康，这也是建筑产品规划设计上的质量安全问题，所以建筑产品质量安全与建筑产品外部环境有着密切关系。建筑企业高质量安全建筑产品打造首先必须把好建筑产品外部环境关口。同时高质量安全建筑产品应能够抵抗相当级别的自然灾害，具有相当抗逆能力。常常听到报道，某区域遭受几级地震破坏，几级台风破坏，洪水破坏等，毁坏房屋多少，死亡人数多少等。我国唐山、汶川地震房屋倒塌量大、伤亡人数多。同时我们也听到报道，某些地方同样发生了相同等级地震台风，而倒塌的房屋数量少，死亡人数少。日本是个地震频发国家，我们没有听说日本首都东京大量建筑倒塌。美国是飓风频发国家，我们也没有听说美国大量建筑倒塌，中国首都北京也发生过多次地震，故宫也未有倒塌记载。究其原因是建筑产品质量安全问题，高质量安全建筑产品必须具有相当抗击自然灾害能力与和谐良好的外部环境，这是建筑企业高质量发展建筑产品质量安全外延性基本内涵。

综上所述，我国建筑企业高质量发展中建筑产品质量安全基本内涵定位为，把建筑产品质量与安全列为一个整体，贯串在建筑产品全寿命周期之中，体现外观艺术美观性、结构稳定性、内部环境相适性、外部环境协调性、抗击自然灾害具有相当抵抗性。

## 第四节　命脉问题

根据建筑企业高质量发展建筑产品质量安全基本内涵定位，我国现阶段建筑企业高质量发展中，建筑产品质量安全主要存在建筑产品外部环境配套不协调；建筑产品抗击自然灾害能力不强；建筑产品外观艺术性不到位；建筑产品内在舒适度不高；建筑产品制造常规管理不到位等几个基本问题。

1. 建筑产品外部环境配套不协调，诸如住宅小区附近、高压线路、化工厂等距离偏近，有的甚至周边还有臭水沟、电视塔等。小区内容积率过高，绿化率偏低等存在问题，严重影响了建筑产品制造及应用，存在着建筑产品制造与使用的质量安全隐患。

2. 建筑产品抗自然灾害能力低：在建筑产品制造过程中，缺乏抵抗台风地震预案设施及措施。其建筑产品本质设计中对地震、台风等特殊性设防不足。使建筑产品制造及使用过程中受到极端自然灾害质量安全风险威胁。

3. 建筑产品外观艺术性不到位：目前我国建筑产品 90% 以上无个性艺术可言，千篇一律，没有美感享受。其质量安全不符合新时代人民日益增长的美好生活需要的建筑产品质量安全要求。

4. 建筑产品内在舒适度不高：包括建筑产品内部装饰颜色不协调，有毒性、放射性材料使用比例较大，室内空气粉尘、有害气味占比浓度大，湿度温度自控调整能力低，内部电气、电子产品预控电磁雷波能力不强，电力设施保险不到位，私密性、防盗性保障不到位等一系列问题。

5. 建筑产品制造管理措施不到位：包括建筑产品质量安全设施不到位不规范，安全网、安全栏、警示牌等不到位不规范，建筑机械机电设备安装检测不到位不规范，使用材料检测不到位，配比及使用程序不规范。建筑产品质量安全组织机构人员不到位，管理监督程序不规范等一系列问题，时时面临建筑产品制造过程的质量安全性危险。

综上所述，我国建筑企业高质量发展中，建筑产品全寿命周期中每个程序环节均存在建筑产品质量安全隐患，必须引起我们高度重视。

## 第五节　命脉保障

针对我国建筑企业高质量发展建筑产品质量安全面临的基本问题。我们应着力从思想意识上提高；从主体责任上明晰；从技术手段上创新；从设施上强化；从方法上转变；从制度上完善；从标准上提升；从惩戒上加码，把好建筑企业高质量发展命脉，构建质量安全保障围墙。

1. 思想提高：应组织全员认真学习中共十九大精神，党和国家关于建筑产品质量安全方面的一系列政策文件精神，国家行业关于建筑产品质量安全技术规范。深刻理解把握中共十九大精神，党和国家关于建筑产品质量安全方面的文件精神实质。熟练把握建筑行业质量安全技术规范，精准确立建筑企业高质量发展建筑产品质量安全内涵思想，从思想意识上提高，确保建筑企业高质量发展中建筑产品高质量安全水平的提升。

2. 从责任上明晰：建筑企业高质量发展建筑产品质量安全保障是一项涉及多方面的系统性工程，建议住房城乡建设部应尽快制定建筑企业高质量发展建筑产品质量安全基本责任落实与追究实施细则。明晰建设单位主体责任与追究方法；明晰规划单位主体责任与追究方法；明晰勘察单位主体与追究方法；明晰设计单位主体责任与追究方法；明晰施工单位主体责任与追究方法；明晰监理单位主体责任与追究方法；明晰使用单位（物管单位）主体责任与追究方法；明晰拆除单位主体责任与追究方法；明晰监管单位（检测）主体单位责任与追究方法。用合同或责任书形式进行固定与约束，使责任到位，追究责任到位，确保建筑企业高质量发展建筑产品质量安全水平提升。

3. 从技术上创新：目前我国建筑企业高质量发展阶段中，建筑产品质量安全技术尚不先进，没有适应新时代建筑产品结构及艺术发展需求；要提高建筑产品质量安全水平关键举措，应从技术手段入手，大力度进行技术创新，创新开发机器人施工技术、智能施工技术、智能监控、新材料、新工艺、新设备，创新开发大数据、互联网、人工智能建筑产品，新风运行、防盗技术，完善装配式工厂化施工技术，同时大力应用国家推广的建设行业10项新技术，多头并举，实施技术创新，提升建筑产品质量安全水平。

4. 从方法上转变：目前我国建筑企业高质量发展阶段中，建筑产品制造及使用过程，仍采用传统方法，不能满足现代建筑产品质量安全要求，应在方法上转变。从建筑产品规划中，应大力应用现有大数据技术，改变传统局限性规划布局。在建筑产品地质勘查中应用深度透视性勘查技术，改变传统性勘查技术。在建筑产品设计技术上采用3D打印技术，改变传统性平面设计技术。在建筑产品施工中，采用人工智能及机器人施工技术，改变传统人海战术施工技术。在建筑产品设计论证中，采用智能性论证方法，改变传统人为性论证方法。在建筑产品制造过程管理监督中，采用远程监控技术，改变传统人为性监控技术。在建筑产品应用过程中，采用智能性管理与自控智能服务及新风调控技术，改变传统人为性管理。在建筑产品拆除技术上采用机器人智能拆除技术，改变传统人为性拆除技术，从而提升建筑企业高质量发展建筑产品质量安全水平。

5. 从制度上完善：尽管我国建筑业企业建筑产品制造与使用全过程中围绕建筑产品质量与安全，分别形成了较多的管理制度体系，但不能适应建筑企业高质量发展阶段建筑产品质量安全需求，所以应把建筑产品质量与安全管理制度进行整合，按照建筑产品周期各个环节，制定相应完善的管理体系，包括建筑产品规划质量安全管理体系、建筑产品勘察质量安全管理体系、建筑产品设计质量安全管理体系、建筑产品施工质量安全管理体系，建筑产品监理质量安全体系，建筑产品使用质量安全管理体系，建筑产品拆除质量安全体系。从制度上保障建筑企业高质量发展建筑产品全寿命周期的质量安全。

6. 从标准上提升：我国建筑行业自改革开放进入市场经济以来，围绕建筑产品施工过程相继制定了较多质量与安全技术标准，但随着我国建筑施工技术提高及建筑产品质量安全内涵定位的变化，原来的质量安全标准体系不适应建筑行业高质量发展需求，所以应在质量安全技术标准基础上进行整合提升完善保证建筑产品质量安全。

7. 从惩戒上加码：对建筑产品全寿命周期各环节运行，应严格执行相关标准与制度。对违反操作运行标准与制度的单位及个人应加码处罚，视其情节轻重给予曝光，记入黑名单、警告、严重警告、吊销资格资质及较大数额的经济处罚，后果严重的，移送司法部门处理，予以法律制裁等多种手段，严惩违规违章单位及其责任人，从惩处上保障建筑产品质量安全。

当然建筑企业高质量发展阶段中，保证建筑产品全寿命周期中质量安全是一项系统工程，此处所提出的基本预控举措，是不完善的，仍需要继续深化研究，把握建筑企业高质量发展命脉，构建建筑产品质量安全围墙，为实现新时期社会主义现代化建设、中华民族伟大复兴而努力完善建筑产品质量安全保障体系。

## 第六节　现代命脉

建筑产业现代化在国外发达国家已推行多年，我国于1999年国务院办公厅颁布了《关于推进住宅产业现代化提高住宅质量的若干意见》，加速了我国建筑产业现代化发展，但因我国建筑产业现代化推广较晚，所以在建筑产业工程建设质量安全管理上仍然存在诸多薄弱环节，主要存在以下几方面问题。

1. 质量安全监管机构缺位：目前我国建设工程质量安全监管体系中仅为行政监管，企业管理缺乏第三方的社会性质量安全监管机构，而政府行政监管是以工程项目抽查或突击性监管，企业管理，某种程度上从企业经济利益出发，难免遗漏缺失监管力度。

2. 质量安全监管政策缺失：目前我国现有的《中华人民共和国建筑法》《建设工程质量管理条例》《建筑工程安全生产管理条例》中均以传统性工程项目建设模式为主体，在建筑构件、生产养护、运输过程的质量与安全管理法规政策方面，尚缺失建筑构件吊装、装配质量与安全管理法规政策；缺乏建筑构件制作、建筑装潢、管线安装、保温、防火、电磁雷波预控为一体的质量与安全管理法规政策。从政策主体上缺乏，导致建筑产业现代化管理不到位，而存在质量安全隐患。

3. 质量安全标准体系缺项：由于我国建筑产业现代化起步较晚，目前在我国缺乏建筑构件设计标准及图集，缺乏混凝土预制构件技术标准，缺乏混凝土构件装潢技术标准，缺乏混凝土构件电磁雷波预控技术标准，缺乏混凝土构件保湿性能检测标准，缺乏混凝土构件防火检测标准，缺乏混凝土构件吊装技术规范，缺乏混凝土构件养护技术规范，缺乏混凝土构件装配技术规范，缺乏装配式建筑抗震验收技术规范，使建筑业产业现代化项目存在安全质量隐患。

由于我国现阶段建筑产业现代化工程项目监管机构政策的缺失、规范缺项，使我国现阶段建筑产业现代化工程项目不同程度存在质量安全隐患问题。

## 第七节　命脉体系

针对建筑产业质量安全管理问题，依据国务院办公厅印发的《关于促进建筑业持续健康发展的意见》，提出推进建筑产业与加强工程质量安全管理要求，从质量安全监管机构上完善；从质量安全监管政策上完善；从质量安全监管技术标准上完善，构架符合促进建筑业持续健康发展要求，符合建筑企业高质量发展要求的建筑产业现代化质量安全体系，确保工程建设质量与安全。

1. 完善质量安全监管机构：质量安全监管机构应实施质量安全一体化管理模式，因为质量关系到安全，安全同时关系质量，是一个共同体，分隔管理是不对的。质量安全管理应设置四个系列质量安全监管体系：一是网络与人为性监管机构，是采用网络监管，实施电子巡查方式，将质量安全管理目标、管理要求及过程程序输入信息系统，实施全程自动性监管，出现质量安全隐患，自动报警，推促工程项目改正；二是主体性监管机构，由企业派驻施工现场质安管理小组或人员，实施人为性全程管理；三是社会性监管机构，由社会团体、学协会组织社会力量，实施循环性监督管理；四是政府性监管机构，由政府组织质安人员实行阶段性与突击性检查监管。

2. 完善质量安全监管政策：应从《中华人民共和国建筑法》上调整与完善；工程建设质量安全责任主体应调整为建筑企业，工程建设质量安全管理过程应调整为建设工程策划、勘察、设计、构件制造、运输、吊装、装配、维保、拆除全过程。相应应对《建筑工程质量管理条例》《建筑工程安全管理条例》合并与相应调整。同时应制定《工程建设质量安全责任追究实施办法》，确立对企业责任、项目经理责任、执业工程师责任、督察员责任及追究方法、处罚方法等。

3. 完善质量标准体系，应将现有的质量标准体系与安全标准体系及环保标准体系进行合并，建设各阶段质量安全标准体系，可以编制《建设工程基础质量安全施工与验收标准》《建筑构件质量安全制作与验收标准》《建筑构件质量安全运输技术规程》《建筑构件质量安全吊装与装配技术规程》《建筑物使用与维护技术标准》《建筑物拆除安全技术规范》等标准规范，在制定以上标准中应把勘察、设计要求融入相关标准中，以过程环节为主线，完善整合制定工程建设质量安全管理技术标准体系。

以上构架的质量安全管理体系核心实现了质量安全管理的统一，质量安全责任的统一，机构、政策规范的统一，所以我们构架的建筑产业现代化质量安全管理体系简称为三统一管理体系。

# 第八节　命脉策划

按照建筑产业现代化质量安全管理体系，总体要求实施"三统一"管理体系举措应以强化组织领导为核心，以强化思想统一为根本，以强化经费投入为基础。以强化人才投入为手段，推进建筑产业现代化质量安全体系实施。

1. 强化组织领导：建筑产业现代化质量安全管理体系完善是促进建筑业持续健康发展的重要举措，是推进建筑产业现代化的实质性措施，是深化建筑业简政放权改革的重要组成部分，所以各级建设行政主管部门，深化建筑业简政放权改革领导组应把完善建筑产业现代化质量安全管理体系列入议事日程，与其他改革项目同步计划、同步推进、同步督查，确保构架到位，实施到位。

2. 强化思路统一：完善建筑业现代化质量安全管理体系，这在建筑产业中也是一个重要变革内容，其任何一种改革或变革均是一个思想意识转变的过程，要能使这个弯转过来，首先思想上要转变，思想转不过来弯，行动就困难了，所以完善建筑产业现代化质量安全管理体系应对深化建筑业简政放权改革等进行宣传，进行思想教育，保持建筑业界人士的思想高度统一。

3. 强化资金投入：尽管完善建筑产业现代化质量安全管理体系不是实体型经济项目，但是是实质性经济项目，这个项目实施无论涉及政策完善、机构重组、标准建设，均是系统工程，均需较长时间，均需众人完成。所以需投入资金，各级政府建设行政主管部门应加入这方面投入，做好预算，列入政府预算范围，确保改革经费到位，同时确保共用监管网络体系资金到位。

4. 强化人才投入：人是创造历史的动力，完善建筑产业现代化质量安全管理体系，并实施建筑产业现代化质量安全体系，必然离不开人这个决定因素。所以无论构架这个管理体系，还是实施这个管理体系，国家、省、市应集聚专业技术人才，建立若干专题小组，研究制定政策与标准，保证建筑产业现代化质量安全管理体系完善与实施。

## 第九节　命脉实施

完善建筑产业现代化质量安全管理体系是一项涉及范围广、时间较长的工程，所以我们应精心部署，循序推进，并可设置调查梳理、研究策划、试验示范、总结完善、全面实施这几个阶段。

1. 调查梳理：应建立建筑产业现代化质量安全管理专题调

查组，赴全国各地进行调查，调查了解我国现行建筑产业现代化质量安全管理成功经验与做法，存在问题及弊病。通过调查了解，梳理管理机构调整项目，政策法规调整项目，标准规范调整项目。

2. 研究策划：根据调查梳理情况，策划质量安全管理机构方案，策划法规政策调整方案，策划规范标准调整方案。

3. 试验示范：根据策划方案，全国可选定一至二个省市自治区作为试点，各省市自治区可选择一至二个县（市）作为试点，试点过程中，每个环节均应详细策划，并对每个环节进行实质性记录分析、归纳试点情况，形成试点工作报告，报住房城乡建设部，住房城乡建设部应派员验点，全程参与试点工作，掌握第一手资料。

4. 总结完善：住房城乡建设部应根据建筑产业现代化质量安全管理试点情况，进行认真总结，完善建筑产业现代化质量安全管理组织机构，完善政策体系，完善标准体系。

5. 全面实施：按照国家制定的政策、法规、标准及相关要求，在全国进行全面实施，住房城乡建设部、省市自治区建设行政主管部门组建督查组，分赴各地督查建筑产业现代化质量安全管理实施情况，纠偏实施过程中的问题，促进质量安全管理，促进建筑业持续健康发展。

完善建筑产业质量安全管理是一个涉及建筑产业现代化根本性问题，所以全国建筑界人士应上下一致，协同完善，为建筑业持续健康发展之梦而努力奋斗。

# 第九章　建筑企业高质量发展基本支撑

在新时代中国特色社会主义制度条件下，我国建筑企业高质量发展靠什么？这是我国建筑界人士思考的问题，也是不可回避的问题。

建筑企业高质量发展在新时代中国特色社会主义制度条件下，靠什么求生存、求发展？近来，我们认真学习了中共十九大报告全文及其一系列党的方针政策，从中找到了在新时代中国特色社会主义制度条件下，我国建筑企业高质量发展基础依靠，一是党的支撑，二是人民的支撑的"两个"支撑。

为什么说，在新时代中国特色社会主义制度条件下，我国建筑企业高质量发展基础依靠"两个"支撑着力？依靠"两个"支撑着力，力点在哪里？我们如何发挥应用"两个"支撑作用，这是我们需要研究探讨的问题。

## 第一节　两个支撑

建筑企业高质量发展基础依靠"两个"支撑着力，这是习近平新时代中国特色社会主义思想决定的；这是我国进行社会主义革命和社会主义建设几十年来的经验总结；也是我国人民几千年摸索的经验与特殊的国情所确定的。

1. 建筑企业高质量发展基础依靠"两个"支撑着力，这是习近平新时代中国特色社会主义思想决定的。习近平新时代中国特色社会主义思想核心是坚持党对一切工作的领导与坚持以人民为中心。中共十九大报告中指出："党政军民学，东西南北中，党是领导一切的。必须增强政治意识、大局意识、核心意识、看齐意识，自觉维护党中央的权威和集中统一领导，自觉在思想上、政治上、行动上同党中央保持高度一致，完善坚持党的领导体制机制，坚持稳中求进工作总基调，统筹推进'五位一体'总体布局，协调推进'四个全面'战略布局，提高党把方向谋大局、定政策、促改革的能力和定力，确保党始终总揽全局，协调各方。"报告中还说："人民是历史的创造者，是决定党和国家前途命运的根本力量。必须坚持人民主体地位，坚持立党为公，执政为民，践行全心全意为人民服务的根本宗旨，把党的群众路线贯彻到治国理政全部活动之中，把人民的美好生活向往作为奋斗目标，依靠人民创造历史伟业。"习近平同志在中共十九大报告中关于坚持党的领导与坚持以人民为中心的精辟论述，透射出在中国特色社会主义制度条件下，党的力量、人民的力量是无限的，只有坚持在中国共产党领导下，坚持以人民为中心，才能取得事业的发展，才能实现中华民族伟大复兴的中国梦。建筑企业高质量发展是我党我国人民事业的一个组成部分，当然离不开党的领导、离不开企业职工的力量，这是习近平新时代中国特色社会主义思想所决定的。

2. 建筑企业高质量发展基础依靠"两个"支撑着力，这是我国社会主义革命和社会主义建设几十年来的经验总结。回顾中国革命和我国社会主义建设的历史，抗日战争、解放战争，面对强大的日本帝国主义、国民党反动派，在中国共产党领导下，依靠人民消灭了日本侵略者，消灭了国民党反动派，取得了抗日战争、解放战争的全面胜利，建立了新中国。新中国成立以后，又面临美国等西方资本主义国家的经济封锁，苏联的逼债、中国自然灾害的发生，使中国陷入了困难时期，还是在中国共产党领导下，依靠人民战胜了困难，渡过了难关。党的十一届三中全会以来，在中国共产党领导下，依靠人民，取得了改革开放的伟大成就。如今在中国共产党领导下，依靠人民的力量，五年中解决了许多长期想解决而没有解决的难题，办成了许多过去想办而没有办成的大事，使中国人强起来，这是中国共产党的力量，这是中国人民的力量。中国革命和社会主义建设成功的经验反复证明，在中国特色社会主义制度条件下，只要有共产党的坚强领导，只要有中国人民的力量支持，什么困难都能克服，许多人间奇迹都在创造。当然，建筑企业高质量发展，只要有中国共产党领导，只要有企业员工力量的极力支持，定能实现。

3. 建筑企业高质量发展基础依靠"两个"支撑着力，这是我国人民几千年探索的基本经验及中国特殊国情所确定的。我国人民在几千年历史长河中，求解放，求发展，抗外敌，受尽磨难。中国具有几千年文明，特别是儒家思想传承，人们思想理念是一个忠君爱国理念，加之几千年封建思想束缚，构成中国特殊国情。中国要发展必须要有一个强有力的党领导人民，否则做任何事情都难做起来，都不能取得成功并得到顺利发展。这是我国几千年历史的经验与我国特殊国情所确定的，只有在中国共产党领导下，依靠人民取得事业的成功与发展，中国当今的建筑企业高质量发展亦是如此。

综上所述，我国建筑企业高质量发展基础依靠"两个"支撑着力，这不仅是现阶段建筑企业高质量发展基础依靠"两个"支撑着力，而是我国建筑业企业发展任何阶段，在中国特色社会主义制度条件下，其发展长久性基础依靠"两个"支撑着力。

## 第二节　支撑作用

建筑企业高质量发展基础依靠"两个"支撑着力，这无疑是精准的。那么"两个"支撑力点在哪里？所谓力点，也就是最有力的支撑点。力点正确，肯定取得事半功倍的效果，这是人们长期实践的经验总结。党的支撑与人民的支撑目标一致，也就是说在中国特色社会主义制度条件下，党的支撑与人民的支撑目标永远是一致的。其党的支撑与人民的支撑地位与作用是不同的，党对我们任何企业事业发展，其支撑地位是主体的，作用是起决定性的宏观作用。而人民的支撑地位是客体的，作用是起基础性微观作用。党的作用是通过人民的作用来发挥实现的，而人民的作用是通过党的作用保证协调发挥的，这是中国特色社会主义制度条件下党与人民的两个支撑的辩证统一关系。

我们在弄懂理清建筑企业高质量发展基础依靠"两个"支撑着力关系基础上，进一步分析研究"两个"支撑的着力点。简单地讲，建筑企业高质量发展基础中，党的支撑为保证性支撑，人民的支撑为推动性支撑。

我国建筑企业高质量发展根本是党的支撑，为保证性支撑，主要提供政治力、社会力、安全力、政策力、市场力五个方面。

1. 政治力：政治稳定是指一定社会的政治系统保持动态的有序性和连续性。具体地说，它是指没有全局性的政治动荡和社会骚乱，政权不发生突发性质变，公民不是用非法手段参与政治或夺取权力，政府也不采用暴力或强制手段压制公民政治行为，以此维护社会秩序。政治稳定是把社会冲突控制在一定的秩序之内，且政治稳定是我国一切经济事业发展的保障，包括我国建筑企业高质量发展的基本保障。借鉴历史，国内外政治不稳定所造成的经济不但不发展，反而可能经济倒退，甚至崩溃。因为政治不稳定，人们无法正常从事经济发展活动，这是古今中外社会必然规律，在我国维护政治稳定由一个坚强的庞大的中国共产党领导，能够担负维护政治稳定大局，我国长期以来在中国共产党领导下保持政治稳定状态，未来社会在以习近平同志为核心的党中央领导下，我国政治更为稳定，并能更好地保证我国经济持续发展，我国建筑企业高质量发展，在中国特色社会主义制度条件下，只有共产党才能营造我国建筑企业高质量发展的稳定政治局面。

2. 社会力：社会稳定是指一个国家所呈现的社会人之间的和谐，保持社会秩序动态有序。或尽管社会人之间存在一定矛盾，但不会上升发展波及至整个社会对抗性矛盾，通过政治、法治、经济等手段能够缓和化解的状态为社会稳定。社会稳定则是我国经济发展包括建筑企业高质量发展的重要保证。自古以来，哪里的社会是稳定的，经济就能发展；哪里的社会动荡不安，经济发展就得不到保障。中国苏州、杭州，人们称为天堂之地，这里文化深厚，社会一直比较稳定，这里的经济一直能够持续发展，就是社会稳定保证的基本原理。保证社会稳定的决定因素，不是依靠哪一个人力量能够达到的，在中国特色社会主义制度条件下，只有中国共产党采用思想、政治、法律等多种手段，化解社会矛盾，保持社会稳定。中国共产党在这方面已经积累了很好的经验，解决了很多的社会矛盾，目前我国社会稳定给我国经济及其建筑企业高质量发展营造了很好的社会稳定局面。

3. 安全力：安全稳定是指一个国家不受外国侵略，保持和平，没有硝烟战火状态。众所周知，一个国家正处在战争紧张状态之中，这个国家肯定不能发展经济，也无法发展经济，甚至经济基础遭到严重破坏。我国清朝时期原来经济基础还是可以的，后遭外国列强攻打，鸦片战争爆发，辛亥革命爆发，北伐战争爆发，抗日战争爆发，解放战争爆发，几十年的战争，国家不得安宁，把中国拖入了贫穷落后的国家。再说后来的伊拉克国家经济本来也是比较富裕的，可是美伊战争打响以后，把伊拉克拖入了贫穷的深渊。古今中外说明，国家国防安全，是国家经济发展的核心保证。中国在中国共产党领导下，建立了新中国，目前国防科技水平、国防能力进一步增强，安全环境得到了保障，为我国营造了经济发展安全环境，为建筑企业高质量发展营造了安全环境。

4. 政策力：政策稳定是国家某项政策具有一定的连续性，政策调整的有利性为政策稳定性。政策稳定是决定经济发展的重要因素，我国在改革开放之初，确立了土地承包制三十年不变的政策，该政策推动中国农业快速发展，近 40 年的市场经济体制加快了我国经济建设进程，政策稳定性是保证经济持续发展的重要因素。而政策制定于中国特色社会主义制度条件下，是以中国共产党为主体制定的，只有中国共产党才能给予我国经济建设、建筑企业高质量发展的政策稳定性保障。

5.市场力：市场稳定性主要在于具有相对稳定的市场空间与相对稳定的市场经济竞争游戏规则。任何行业企业发展都离不开市场，没有市场的行业企业是注定不能发展的且很快灭亡的。在中国特色社会主义制度条件下能够提供行业企业市场的只有中国共产党，能够很好制定行业企业市场竞争规则的只有中国共产党。目前中国共产党为我国建筑业企业提供了稳定的市场与市场竞争环境，中共十九大报告中提出："推动形成全面开放新格局，要以'一带一路'建设为重点，实施乡村振兴战略，实施区域调整战略，支持老区、民族地区、边疆地区、贫困地区建设，高标准建设雄安新区……"从报告内容来看，以习近平同志为核心的党中央为我们建筑企业高质量发展提供了比较稳定的市场空间。市场竞争机制通过几年的建设已经基本规范化，但在中共十九大报告中仍然提出着力构建市场机制有效，微观主体有活力，宏观调控有度的经济体制，由此可说明，在中国共产党领导下，我国市场体制、机制进一步规范化、有效化。中国共产党为我们建筑企业高质量发展，既提供了比较稳定的市场空间，又提供比较规范的市场竞争秩序，这是我们建筑企业高质量发展关键保证。

综上所述：我国建筑企业高质量发展，在中国特色社会主义制度条件下，其根本在于依靠中国共产党提供政治、社会、安全、政策、市场等五个方面的稳定性保证。这五个方面的稳定性保证，只有中国共产党有能力，有担当能够提供。其他任何团体、个人均无法提供的。中国特色社会主义制度条件下，中国建筑企业高质量发展，只有依靠中国共产党的领导与创造，这是中国建筑企业高质量发展之根本。

中国共产党是我国建筑企业高质量发展提供保证性的根本支撑，称为主体支撑，尽管中国共产党为我国建筑企业高质量发展能够提供根本性支撑，但在我国建筑上高质量发展中还不够的，还需要有企业全员性的基础性支撑。毛泽东同志曾说过："人民只有人民，才是创造世界历史的动力，我们应当相信群众，相信党，这是两条根本原理。如果怀疑这两条原理，那就什么事情也做不成了。"毛泽东同志精辟阐述的两条根本原理，正是我国现阶段建筑企业高质量发展的两条根本原理，既要依靠中国共产党的正确领导，提供五个稳定性保证，还需要人民即企业全员的基础性支撑。

我国建筑企业高质量发展本质是员工的支撑，为鼎力支撑。企业全员为企业高质量发展提供生产力、创造力、技能力、维护力、信誉力等五个方面。

1. 生产力：生产力狭义指再生产力，即以人类创造新财富的能力。生产力是生产系统的功能，组成生产力系统要素包括劳动者、劳动工具、劳动对象三个要素。在建筑企业高质量发展中的生产力包括企业员工，其员工为劳动者。劳动工具为现有的建筑机械设备，劳动对象为建筑工程项目。当建筑工程项目确定后，先进的劳动工具即机械设备配置后，取决于建筑工程质量，建筑工程施工速度，建筑工程效益成果的大小，也就是生产力的高低，决定因素是企业的员工，在经济学概念为人的劳动生产能力。人类社会财富产品或商品分为两大类，其中一类为社会自然性财富产品或商品。另一类为人类人为性生产制造的产品或商品。第一类社会自然性财富产品是通过人为性活动转化为商品，而第二类产品或商品，可以直接为商品，所以人类财富产品或商品是以人为性生产制造为主体的。因此，决定人类财富产品和商品量是人的生产力，任何行业企业，其发展的态势均以生产力高低为标志，建筑业企业同样如此。在建筑业企业，创造生产力、提高生产力者，为企业员工，哪一栋高楼大厦、哪一条宽广道路不是建筑业企业员工所为，所以建筑企业高质量发展依靠于企业员工的生产力水平的支撑与提高。

2. 创造力：创造力是通过社会实践活动所形成的一种创造能力。综观古今中外，大部分创造是靠人民创造的，创造力的主流是人民，毛泽东同志曾说过："人民才是创造历史的英雄。"建筑企业创造力当然主流在建筑企业员工之中，从中国建筑业发展历史来看，原始建筑工具泥刀、泥塌、木锯等都是建筑企业员工创造的，也就是说工匠们创造的。据考证在秦朝时期，筑万里长城时，就是普通工匠创造的滚木推石法。目前我国建筑领域，其逆作法施工工艺、钉墙支基坑支护方法……均为企业员工所创造，并非建筑师们在办公室拍脑袋所形成，因为建筑师们并不了解施工过程需要解决什么问题，难以形成对应创造力。我国20世纪引进德国及日本QC小组活动，就是为了进一步激发员工的创造力，我国在几十年QC小组活动中，特别是在我国建筑企业QC小组活动中，产生了无穷无尽的创造力。创造力的提升是推进企业发展的主要力量。任何企业缺乏创造力就不能发展，就要落后，就要被淘汰，这是国内外市场经济的不可争辩的现实。我国建筑企业高质量发展亟需依靠员工的创造力，这一点必须充分认识。

3. 技能力：技能力是指产品生产制造过程的技术能力，亦可为产品生产制造的每一个环节的熟练操作程度及操作水准。其生产与制造的产品能否达到相应质量或在产品生产与制造过程中能否节约资源与提高生产制造速度，关键在于产品生产制造者的技能力。技能力是决定产品生产制造成本高低与质量优劣的关键，这是产品生产制造的本质特征所决定的。建筑业施工产品成本高低与质量优劣同样取决于施工人员的技能力，且建筑企业员工技能力是决定建筑企业高质量发展的主要因素。

4. 维护力：维护力是建筑企业员工对企业的一种忠诚与维护的能力。中国有句古语："一个好汉三个帮，一个篱笆三个桩"。建筑企业高质量发展不是靠哪一个神仙皇帝能发展的，关键是依靠企业全员忠诚的维护才能推进发展。可以把企业作为一个家来看待，家和万事兴，家和才能劲往一处使，力往一处用，处处以企业利益为重，才能保持企业经济高质量发展。在我国经济高速增长阶段，有的企业视员工为对手，形成油火关系，特别在我国改革开放之初，最终把一个好端端企业推向深渊而灭亡，这样的教训数不胜数。我们曾对我国部分发展有为企业进行调查了解，发现其根本因素在于有全员忠诚维护支持，具有狼群的集体拼搏力。企业员工对企业的忠诚维护力是当今建筑企业高质量发展不可缺少的重要支撑力量，离开这个力量，任何建筑企业的大厦均会倾倒，这是我国市场经济发展中经验与教训的总结。

5. 信誉力：信誉力是企业在市场活动中，社会对其评价的认可度。信誉力高低也就是在市场经济活动中社会用户对其评价认可度的高低。它是一个综合性元素，包括企业所产生制造的产品质量认可度、价格认可度、交货时段认可度、售后使用认可度、售后服务认可度等单位集合为信誉力。信誉力来源于企业员工，是由每个具体员工在产品生产制造及销售服务行为所产生的。比如说，我们建筑企业所承担的每项具体工程精心施工，保证了质量，使用户满意，产生了信誉力。企业在采购材料设备中，能够遵守合同约定，及时结清货款，产生了信誉力。当工程项目交付使用后，其员工能够及时回访，及时解决使用中问题，产生了信誉力……信誉产生不是单方面哪个人，而是企业全员的提供。信誉力目前已经进入了我国市场经济竞争之中，国家《招标投标法》中已经明确："招标投标活动应当遵循公开、公平和诚实信用原则。"所以企业信誉力对企业发展至关重要，建筑企业高质量发展离不开、少不了企业信誉力，离不开、少不了企业员工为企业提供信誉力的支撑。

综上所述，建筑企业高质量发展必须依靠建筑企业全员鼎力性支撑，完全需要企业全员提供生产力、创造力、技能力、维护力、信誉力的支持。

## 第三节　支撑行为

任何企业在我国经济高质量发展中均想得到发展，这个理念可以说是肯定的，也是一致的，建筑亦为如此。建筑企业高质量发展阶段，如何发展？我们已经作了探求，着力依靠中国共产党与本企业全员支撑。依靠中国共产党支撑什么？依靠企业全员支撑什么？对此我们也有了深层次的思考与研究。依靠中国共产党的政治力、社会力、安全力、政策力、市场力。依靠企业全员的生产力、创造力、维护力、技能力、信誉力。那么如何依靠"两个"支撑发力发展企业，也就是我们建筑企业高质量发展依靠"两个"支撑的作为。

1.依靠中国共产党实现建筑企业高质量发展，这是根本性依靠，但不是根本性依赖。中国共产党给我国建筑企业提供的政治力、社会力、安全力、政策力、市场力是给我国所有企业的，作为每个具体企业来说，应充分发挥中国共产党给予的保证力，并应发挥极致，这是我们每个具体企业均应思考的问题。关于这个问题，我们进行了研究思考认为：应抓住我国政治机遇，夯实企业基础；抓住我国社会机遇，拓展国内市场；抓住安全机遇，抢占国际高地；抓住政策机遇，实施经营转型；抓住市场机遇，提升竞争实力等五个方面。

（1）抓住政治机遇，夯实企业基础：中共十九大报告中说："五年来，我们勇于面对党面临的重大风险考验和党内突出问题，以顽强意志品质正风肃纪、反腐惩戒，消除了党和国家内部存在的严重隐患，党内政治生活气象更新，党内政治生态明显好转，党的创造力、凝聚力、战斗力显著增强，党的团结统一更加巩固，党群关系明显改善，党在革命性锻造中更加坚强，焕发出新的强大生机活力，为党和国家事业发展提供了坚强政治保证。"我们应充分发挥政治优势，强化党的领导，建立健全党的企业组织体系。同时强化民主管理企业建设，完善民主管理制度，实施企业增量扩股，夯实企业基础。

（2）抓住社会机遇，拓展国内市场：目前我国整体社会安定，没有较大规模民族矛盾，重大刑事案件极为稀少，科学立法、严格执法、公正司法、全民守法深化推进，法治国家、法治政府、法治社会建设相互促进，中国特色社会主义法治体系日益完善，全社会法治观念明显增强，社会秩序有序和谐，我们建筑企业应抓住前所未有的社会机遇，拓展国内市场，应制定市场开拓周密方案，到边疆去、到老区去、到民族区去、到贫困区去、到农村去、到雄安新区，把我们建筑企业人的足迹踏遍祖国的每个角落。

（3）抓住安全机遇，抢占国际高地：目前我国国防和军队改革取得历史性突破，武器装备加快发展，军事斗争准备取得重大进展，人民军队在中国特色强军之路上迈出坚定步伐。全方位外交布局深入展开，全面推进中国特色大国外交，形成全方位、多层次立体化的外交格局，为我国发展创造了良好的外部条件，我们应不失时机，抓住机遇，广泛集聚人才，努力培养各类国际性建筑专业人才，抢占国际建筑市场高地，承揽国际性高大难工程，展示中国建筑风采，彰显中国建筑铁军形象，促进企业高质量发展。

（4）抓住政策机遇，实施经营转型：中共十九大报告中着重提出："坚持人与自然和谐共生，建设生态文明是中华民族永续发展的千年大计。必须树立和践行绿水青山就是金山银山的理念，坚持节约资源和保护环境的基本国策，像对待生命一样对待生态环境，统筹山水林田湖草系统治理，实行最严格的生态环境保护制度。"同时提出乡村振兴战略，优先发展教育事业。实施健康中国战略，着力解决突出环境问题，加大生态系统保护力度等重要精神，从中共十九大报告中我们可以预测中国不远将来将制定出台一系列方针政策，支持乡村振兴项目建设、生态环境保护改造项目建设、健康教育项目建设。我们应抓住"三大"国家重点支持扶持建设项目机遇，且应明确"三大"国家重点支持扶持的建设项目，并非短时期能够完成，需较长时间，而且量大面广。所以我们建筑企业从现在起进行经营转型，并集聚企业人力、财力、技术，适应市场需要，推进建筑企业高质量发展。

（5）抓住市场机遇，提升竞争实力：目前我国全面深化改革取得重大进展，市场体系建设基本到位，建筑行业竞争机制基本形成。《中华人民共和国招标投标法》、《中华人民共和国招标投标法实施条例》已修订到位。《建设工程施工合同示范文本》也已进行了调整，微观主体有活力，宏观调控有度的市场体制即将形成。我们建筑企业应抓住市场有序稳定机遇，深度研究市场需要的技术、人才、品牌、经济这些要素，并进行资源整合。同时应研究市场竞争规律，有的放矢，把握竞争主动权，推动企业高质量发展，把企业做大做强。

我国建筑企业高质量发展根本性依靠是中国共产党，并充分抓住中国共产党给我们建筑企业高质量发展提供的政治、安全、政策、社会、市场五大机遇，夯实企业基础，抢占国际高地，拓展国内市场，提升竞争实力。同时我们还必须本质性依靠企业全员鼎力性支撑，才能使企业高质量发展，这是建筑企业高质量发展支撑的两个轮子，缺一不可。

2. 我国建筑企业高质量发展中，其企业员工可以给我们提供生产力、创造力、技能力、维护力、信誉力等"五力"。每个企业的全员均有"五力"潜能，作为具体企业来说，如何挖掘发挥本企业员工"五力"作用，并发挥到最大化，这也是建筑业企业应研究思考的问题。我们进行了研究思考认为，应以完善绩效考核机制为主体，提升企业员工生产力；应实实在在开展 QC 小组活动，挖掘企业员工的创造力；应以技能培训比赛手段，提升企业员工技能力；应构建民主管理制度，增强企业员工维护力；应营造思想文化氛围，激发企业员工信誉力等五个方面。

（1）完善绩效考核机制，提升员工生产力：劳动者最根本的利益与需求，获得最大化的经济报酬，这是每个具体人的本性思想。我国农村在计划经济时代实行大寨式计工，出工不出力，制约了劳动生产力发展。党的十一届三中全会以后，实行联产承包责任制，极大地调动了中国农村广大农民的劳动积极性，提升了生产力水平。我国进入市场经济以后，建筑业企业基本应用了按件按绩计酬方法，调动了企业劳动者积极性，提升了生产力水平。但我们在建筑企业调查中发现，大多数企业，其绩效考核仅注重了量化考核，忽视了质量上的考核、成本性考核，还有一些特殊性没有进行考核，考核机制尚不完善。要发挥企业员工最大生产力，我们应通过进一步完善每个岗位、每个环节的量化、质化、成本行为考核细则，每个企业均应编制企业考核手册，定单位量化性、质化性、成本性、行为性考核手册，同时根据手册实施应用且不断完善，提升企业员工生产力水平。

（2）开展 QC 小组活动，挖掘员工创造力：QC 小组活动，自20 世纪 70 年代引进中国，通过在中国各行各业 40 年活动实践，发挥了很好的创造力效果，特别在我国建筑行业更是开展得如火如荼。据中国建筑业协会质量分会数据显示，参加 2018 年全国建筑行业交流发布的 QC 成果项目就有 2168 项，估算 2017 年全国建筑行业所形成的 QC 成果报告万件以上，这种创造力是空前的。但我们也调阅与调查了我国建筑行业开展 QC 小组活动情况，出现三个突出问题。其一，企业技术人员参加活动的多，而企业其他员工参加的人少，调查显示仅占 10% 左右。其二，形式性成果多，解决实际问题的成果少。解决施工中难点实际问题仅占 30% 左右。其三，成果报告过程程序多，甚至有些成果标新立异，有违 QC 小组活动开展的初心。所以我们提出实实在在开展 QC 小组活动，要由企业员工真正在一线施工过程中开展，并以企业员工为主体，企业可以确定每个工程项目组建若干 QC 活动小组，对活动过程及其效果进行总结发布，一线员工参加 QC 小组活动人员，应达到企业全员的 70% 以上，挖掘员工创造力。

（3）开展技术培训比武，提升员工技能力：技术培训与技术比较，是国内外提升员工技能力的传统做法，介于技术培训与技术比武需耗费一定的费用，算了小账，丢掉大账，把得法的技术培训与技术比武好传统丢掉了。在我国建筑企业高质量发展中，我们重新提出来每一个工程项目施工中均应开展至少一次的技术培训与一次技术比武，建筑企业应定规矩，每年举行一届技术培训与技术比武。建设行业行政主管部门与工会组织继续发扬技能大赛成果，提升员工技能力。

（4）完善民主管理制度，增强员工维护力：民主管理制度，这是中国特色社会主义制度具体体现，也是中国共产党领导中国人民夺取抗日战争、解放战争、社会主义革命和社会主义建设的传统性法宝。而我国进入市场经济以后，仍然发挥中国共产党传统的法宝，坚持发挥企业员工民主管理作用，并取得了很好效果。当我国进入新时代，在新时代中国特色社会主义思想指导下，应进一步发挥企业员工作用，并在企业股权结构向企业员工倾斜调整，完善企业民主管理制度体系，职工参与企业管理，企业转化为全体员工的企业，企业是员工的家，企业兴员工兴，企业衰员工衰，企业的命运与员工命运密切相关，从而增强员工维护企业的力量，推动建筑企业高质发展。

（5）营造思想文化氛围，激发员工信誉力：习近平同志在中共十九大上报告中指出："文化是一个国家，一个民族的灵魂，文化兴国运兴，文化强民族强。"建筑企业高质量发展同样需要有高度自信的思想文化氛围。思想文化是人们意识形态的表现形式，而企业员工提升信誉力，则通过思想文化意识表现出来，企业员工间、员工与企业间，企业的市场信誉、品牌信誉均通过员工语言与行为表现出来，这种表现来源于企业思想文化氛围，所以建筑企业高质量发展阶段需要营造一种正能量的思想文化氛围，应重点围绕企业高质量发展主题，并在企业质量安全、环保、成本、品牌等具体内容上进行营造。采用文化的、文艺的、集会的、论坛的、讨论的、辩论的等多种形式方法，营造一种正能量的思想文化氛围，从而激发员工讲质量、讲安全、讲速度、讲品牌的信誉力，为建筑企业经济发展提供信誉力支撑，把企业做强做大。

建筑企业高质量发展依靠"两个"支撑着力，这是中国特色社会主义制度及社会主义建设经验确定与总结的。其"两个"支撑着力，主要是应用发挥两个"五力"作用，两个"五力"作用发挥，主要是"五抓住，两开展，两完善，一营造"，当然这是不完善的，仍需我们继续深化研究，更好发挥作用，推进企业高质量发展，唱响中国建筑企业高质量发展凯歌，谱写中华民族伟大复兴中国梦的建筑企业高质量发展最强音。

# 第十章 建筑企业高质量 发展基本方式

我国经济已由高速度增长发展阶段，转变为高质量发展阶段，目前正处在转换增长动力的关键时期，这个时期，我国人口老龄化现象尤为突出，劳动力资源明显减少，建筑企业以劳动密集型为主体，建筑企业失去了优势力，建筑企业高质量发展阶段中路在何方？这是我国建筑界普遍焦虑的问题。

近来通过进一步认真学习领会中共十九大精神及党的一系列方针政策，并深入行业企业进行调查研究，找到了建筑企业高质量发展之路，转换建筑方式，走建筑产业现代化之路。

什么是建筑产业现代化？走建筑产业现代化有何难点？如何走建筑产业现代化之路？这是研究探讨的问题。

## 第一节 基本概念

2017年国务院办公厅印发《关于促进建筑业持续健康发展的意见》第七项提出推进建筑产业现代化，第十四条规定要求：推广智能和装配式建筑。坚持标准化设计、工厂化生产、装配化施工；一体化装修、信息化管理、智能化应用，推动建筑方式创新，大力发展装配式混凝土和钢结构建筑，在具备条件的地方倡导发展木结构建筑，不断提高装配式建筑在新建筑中的比例，力争用 10 年左右时间，使装配式建筑占新建筑面积比例达到 30%，在新建建筑和既有建筑改造中推广普及智能化应用，完善智能化系统运行维护机制，实现建筑舒适安全、节能高效。根据 2017 年国务院办公厅印发的《关于促进建筑业持续健康发展的意见》第七项十四条规定要求，建筑产业现代化的基本概念为：大布局空间规划、红外线透视勘查、标准化 3D 设计、工厂化定型生产、装配式智能施工、数字信息化管理的现代化建筑的基本概念。

1. 大布局空间规划：主要注重建筑物产品与周边环境协调，着眼大局性和谐规划，与周边建筑物协调，与周边绿化工程协调，与周边道路、水电气协调，营造良好的外部环境。

2. 红外线透视勘查：主要采用智能红外线透视勘查，且应用所勘查的数据，通过计算机软件自动生成勘查报告。

3. 标准化 3D 设计：采用 3D 设计方式，并注重建筑结构标准化、建筑部件标准化、管线安装标准化、地基基础标准化、门窗标准化、屋面标准化，把标准化贯串在整个设计之中。

4. 工厂化定型生产：按照标准化设计要求，实施定型批量工厂化生产屋盖、梁、柱、墙板、楼梯、卫生间、厨房、围栏、檐沟等，并将门窗内外装饰融入工厂化定型生产建筑物部件之中。

5. 装配式智能施工：采用智能机械设备进行构件材料运输、吊装，采用机器人安装就位。

6. 数字信息化管理：整个工程项目建设全过程采用互联网平台与远程监控系统、计算机进行有效连接，实施项目全程监控与信息资料收集及管理。

通过建筑产业现代化的实现，使我国工程建设项目建设工程快速化，同等量工程项目提高施工速度 70% 以上。建设成本低廉化，同等量工程项目降低建设成本 10% 以上。劳动强度大优化，同等量工程项目所需劳动力降低到 30% 以下。节能环保有效化，同等量工程项目减少用能 5% 以上，减少粉尘污染 70% 以上，减少垃圾污染 80% 以上。其建筑物与周边环境配置协调化，外观观感艺术美丽化，建筑结构高度稳定化，室内配套合理化，温湿调控自动化，空气清新舒适化，防盗门窗智能化的健康舒适安全理想建筑物体。

## 第二节　基本难点

尽管国家采取了多种措施，大力度推进建筑产业化发展，不少企业做了尝试，形成了一些号称产业化工程项目群体，并积累了一定的经验，同时也出现了一些问题，我们通过调查现场项目以及我国现有建筑业技术水平，目前我国全面实现建筑产业现代化还存在诸多问题及难点。其基本问题是对建筑产业现代化认识程度不高，现有技术水平能力不强，基本队伍技能力缺乏，配套性机械设备尚未出现，基础建设投入尚且缺失产业链条，没有完善运行六大基本难点问题。

1. 建筑产业现代化认识程度不高：建筑业是传统产业，历经几千年发展，一直以一把泥刀打天下著称，加之我国现行示范性产业现代化项目，透漏现象严重，整体稳定性欠佳，同时成本投入较大，所以人们对建筑产业现代化认识程度不高，推进速度缓慢，对照住房城乡建设部的要求差距较大。

2. 建筑产业现代化技术能力不强：尽管我国建筑业发展历史较长，近年来建筑技术有了长足的发展，建筑产业现代化模式在中国还是刚刚兴起，所以在建筑产业化技术上还是不够先进，技术成熟度不高。但在国际上建筑业比较发达的，推进建筑产业现代化，具有50多年历史的德国、日本目前在建筑产业现代化上，仍有很多技术没有解决，诸如混凝土板体无缝连接及墙梁无缝连接，钢混体无缝连接，板柱无缝连接及墙梁无缝连接，无色差性填孔技术，智能板梁柱体就位连接技术，刚柔性弧形、弯形板体浇筑技术等尚未从根本上解决，从而使建筑产业化产品存在诸多弊端，制约了建筑产业现代化推进。

3. 基本操作队伍技能力缺乏：建筑产业现代化的实施，原来的一把泥刀打天下的人群队伍，不能发挥较大力量，亦在不远将来被建筑产业现代化逐步实施，而逐渐被退出历史舞台。新型的操作队伍应为掌握某项特殊技能人才，而我国目前建筑企业严重缺乏智能机械操作工、智能操作钢筋焊接工、智能操作钢筋切割工、智能操作梁板体拼装就位工、智能纳米油漆喷涂工、远程机械操作工。同时还缺乏红外线地基勘查技术人员、缺乏 3D 设计人员，缺乏应用互联网大数据计算机平台监控管理信息收集操作人员，等等。我们曾到已经尝试推进建筑产业现代化的企业，调查了解建筑产业现代化高端技能人才情况，可以说是少得可怜，一些国家总承包建筑施工特级资质企业也难寻到踪迹。高技能人才缺乏，导致建筑产业现代化技能力不强，阻碍了建筑产业现代化进程。

4. 配套性机械设备有待发展：建筑机械是建筑产业实现现代化的重要特征，国内外建筑机械品种类型功能发展很快，推动了建筑产业现代化发展，但目前国内外所制造形成的建筑机械塔吊、卷扬机、搅拌机、切割机、电焊机、喷涂机、喷水机等，但仍然离不开人为直接操作，其建筑机械没有与现代科技密切结合，且国内外尚未出现智能遥控塔吊，智能遥控卷扬机、智能遥控搅拌机、智能遥控纳米喷涂机等，所以阻碍了建筑产业现代化推进。

5. 基础建设投入尚且缺失：建筑产业现代化实现不是呼口号、唱高调、敲锣打鼓能够实现的，需要建筑企业高质量发展中花血本，拼老底才能实现，需要比较完备的基础设施，需要花大量的资金投入。而我国建筑企业中没有几家拥有建筑配件、构件加工基地，没有几家有系统性的远程监控管理平台，没有几家拥有配件构件产品检测仪器设备，没有几家拥有完备的实验室，没有几家拥有高端智能型建筑机械，如此境况，怎么能推进建筑产业化进程。

6. 产业链条没有完整运行：建筑产业现代化实现是一项系统性工程，需要一个完整的产业链体，目前我国建筑产业现代化产业链条没有完整运行。规划单位仍用传统仪器进行实测，实施局限性规划布局，使建筑物与周边环境出现不协调矛盾，从而影响建筑产业现代化实施效果。勘察单位仍使用传统钻探勘察方法，不能全面准确提供勘查报告，从而影响建筑产业现代化建筑效果。设计单位仍采用平面设计方法，且没有把建筑部件标准化贯入其中，所以不能提供建筑构件标准化生产制作依据。建筑部件生产厂家很少，有的一个地级市没有一家，构件检验检测机构更少，其建筑构件生产与质量检测难以符合建筑产业现代化需求，同时影响了施工单位完成建筑产业现代化环节。施工企业也缺乏配套机械、配套人才、配套技术，本质上也难以承担产业化施工过程。监理单位仍然采用原始监理方法，难以充当建筑产业现代化重任。物管单位仍以人为性管理方法，拆除单位仍以爆破推倒性拆除为主等，其产业链没有完善，严重制约了我国建筑产业现代化进程。

## 第三节　基本举措

按照建筑产业现代化基本概念要求，针对我国建筑产业现代化实现面临的六个基本难题进行破解，提出相应举措，推进建筑产业现代化进程。

1. 破解建筑产业现代化认识程度不高难题，注重分析建筑发展趋势与集成示范引路，增强建筑产业现代化直观认识：我国步入老龄化社会，劳动力资源缺乏，从事传统建筑苦脏险的劳动者越来越少。中国教育水平的普遍提升，学历层次普遍提高，简单性劳动者越来越少，中国人民生活水平的普遍提高，愿意从事苦脏险建筑劳动者越来越少。同时互联网大数据、信息化、人工智能新的技术革命要求建筑产品制造健康、舒适、节能、环保、快速，这是实现建筑产业现代化社会实际需求。唯有实现建筑产业现代化才能解决中国面临的人口老龄化、学历文化要提升、生活更加美好的客观实际问题，才能适应新时代科技发展需求。关于这一点，我国建设行业各级行政主管部门及建筑企业应大力通过宣传学习讨论提升对实现建筑产业现代化的认识，形成统一共识。中国有句古话，百闻不如一见，示范作用、典型引路作用是十分重要的，也是更新观点，提高认识的重要途径，所以现在住房城乡建设部，以大型企业为典型，划定一个区域为基地，集中打造高端性建筑产业现代化范例。各省市也应以省市企业为典型，划定一个区域为基地，集中打造高端性建筑产业现代化范例，通过示范典型引导，提升全社会、全行业对建筑产业现代化认识，形成共鸣，从思想意识上保证建筑产业现代化实施推进。

2. 破解建筑产业现代化技术能力不强难题，注重建设技术标准与技术集聚研发。技术标准建设是破解建筑产业现代化技术能力不强的根本动因，也是建筑产业现代化实施的根本依据。所以建议住房城乡建设部应围绕建筑产业现代化基本要求，建立建筑产业现代化标准体系，构建建筑产业现代化标准建设与管理组织机构，集聚全国技术标准人才，集中力量编制建筑产业现代化标准体系。各级地方建设行政主管部门及建筑企业应密切配合，相应建立建筑产业现代化标准建设管理，贯彻组织机构，并积极参与到建筑产业现代化标准制订之中。建筑产业现代化标准体系，应突出建筑产业现代化主题，并把互联网技术、大数据技术、人工智能技术、现代信息技术融入标准体系之中，按照建筑环节过程与专项技术要素进行编制。其专项技术要素标准为环节层次标准之中的二级技术标准，按照建筑环节层次设定，建筑规划技术标准分别设置规划布局标准、规划编制程序标准、规划编制方法标准等。地质勘查技术标准分别设置勘查程序技术标准、勘查报告编制技术标准。建筑设计技术标准，分别设置各部件规格标准、各专项技术标准。建筑施工技术标准分别设置施工组织设计标准及分层次环节与要素标准。建筑物业管理技术标准分别设置物业管理操作流程技术标准及各要素技术标准。建筑物拆除技术标准分别设置操作流程技术标准及各要素技术标准。形成符合建筑产业现代化技术标准体系，使建筑产业现代化运行进入规范化管理轨道。另一方面要大力度集聚现有技术与新技术创新，并重点研究开发现有智能化、互联网、信息化高端技术与建筑材料，机械工艺融合技术以及抗逆性预控地震、台风、雷电、浇水技术及抗渗、稳定性技术研究，住房城乡建设部应大力度鼓励开发新技术，建筑企业组建研究团队开发技术，确保建筑产业现代化实现的技术要求。

3. 破解基本操作队伍技能力缺乏难题，注重人才集聚与人才培养。大力度吸纳现有特殊性操作技工人员，特别各种智能机械操作人员，给予企业股份及一定地位，以及高薪聘请、吸纳建筑技工学员，充实建筑施工一线技术力量，解决基本操作队伍技能力缺乏问题。注重技能人才培养，大力发展建筑技能操作人员专科学校，并可委托代培，定向培养。注重选送操作技工到学校培训，发扬传统师傅带领方法，努力提高操作队伍技能力，适应建筑产业现代化需要。

4. 破解建筑产业现代化机械缺乏难题，注重研发与购置。大力度进行建筑机械研发，是解决建筑产业现代化机械缺乏的重要举措，还是实现建筑产业现代化的重要手段，国家应鼓励或投资建筑机械研究，发挥大中院校作用，努力开展建筑机械研究，同时发挥企业作用，多筹并举进行建筑机械研究，研究方向注重把互联网、大数据、智能前瞻科技与现存机械创造进行深度融合，同时给予企业贴补的办法，鼓励企业购置智能型建筑机械，企业应加大购置机械设备的投入力度，保证适应建筑产业现代化需要。

5. 破解建筑产业现代化设施缺乏难题，注重开发信息管理软件与购置基本设施。注重开发信息管理软件，目前我国缺乏建筑产业现代化运行软件，包括设计软件、施工组织设计软件、材料等量配置软件、质量安全财务监控软件、招标投标软件、预决算软件、自控警示纠偏软件等，国家应大力鼓励科技人员研发，企业技术人员研发，并采取强有力的知识产权保护措施，发展建筑软件事业，适应建筑产业现代化需求。同时各企业加大投入力度，武装基础设施，建设平台交换系统、远程监控系统、管理系统等，适应建筑产业现代化需要。

6. 破解建筑产业现代化环节脱节难题，注重企业类型整合，把咨询企业、勘察企业、设计企业、施工企业、物管企业、拆除企业进行整合，形成建筑产业现代化全程运行企业，由一家企业统一从事建筑产业现代化实施各环节过程。同时注重建筑产业化各环节的核查，核查未通过不得进入下道工序，推广施行建筑工程总承包制度与责任终身追究责任制。确保建筑产业现代化顺利实施与推进。

以上是阐述了推进建筑产业现代化实现的基本举措，当然建筑产业现代化实施是一个系统工程，要更好地推进建筑产业现代化进程，解决建筑产业现代化实施的难题，需不断研究与实践，更好地促进建筑企业高质量发展，转换建筑方式，走建筑产业现代化之路。

# 第十一章　建筑企业高质量发展基本管理

　　"我国经济已由高速增长阶段转向高质量发展阶段"，这是习近平同志在中共十九大报告中作出的科学定位，同时他在报告中还指出："中华民族伟大复兴，绝不是轻轻松松、敲锣打鼓能够实现的，全党必须准备付出更为艰巨、更为艰苦的努力。"根据中共十九大报告精神，我国建筑业企业相应已由经济高速增长阶段转向高质量发展阶段，这个阶段的发展必然不是轻轻松松、敲锣打鼓能够发展的，我们必须付出更为艰巨、更为艰苦的努力，最为关键的问题，是强化管理，改革开放40年的经验告诉我们，管理出效益促发展，国内外很多经济学家提出了相同的理论，但随着我国经济已由高速增长阶段转向高质量发展阶段，作为从事经营活动的企业，特别建筑企业必然随经济发展阶段的变化，相应地管理应发生变化，对此我们围绕建筑企业高质量发展管理这个主题进行了思考与研究，我们认为应构建"五化"管理模式。

　　其"五化"管理模式构建重点是构建管理体制的民主化，管理方法的现代化，管理制度的精细化，管理程序的规范化，管理行为人性化。

## 第一节　民主管理

　　我国自计划经济转向市场经济及过渡发展至经济高速增长阶段，从我们对全国现存建筑企业调查结果显示，我国建筑企业的管理体制部分采用的集中制管理，当然这种管理在我国刚迈入市场经济门槛时，在我国经济高速增长发展阶段还是发挥了一定的作用，但目前我国经济已由高速增长阶段转向高质量发展阶段，明显不相适应。

集中制管理不符合中共十九大会议精神，不利于我国建筑企业高质量发展的客观需求。中国特色社会主义本质特征是中国共产党领导，中国特色社会主义制度最大优势是中国共产党领导，而我国建筑企业在我国市场经济及经济高速增长阶段，某种意义上讲弱化了党的领导。据我们调查了解，我国建筑行业民营企业中 50% 以上，连党的组织机构都没有建立，有一家施工总承包特级企业没有设立党组织机构，近五年没有召开一次党的会议，如何说得上党在企业中领导地位，如何体现党在社会主义制度的优势性，从这一点来说，我国建筑行业管理体制应进行改革。中共十九大报告中提出："坚持党对一切工作的领导，坚持以人民为中心，坚持新发展理念，坚持人民当家作主……"等具体要求，而我国市场经济初期经济高速增长发展阶段中的一种集中制或为独裁性管理体制，既不能体现党的领导，也不能体现新发展理念，还不能体现人民当家作主，所以这种体制必须转变。我国建筑企业高质量发展应为持续健康性发展，不能受挫折、走弯路，脑袋式管理很容易受挫折、走弯路。我国在进入市场经济初期及经济高速发展阶段，很多教训值得我们深思的，某些企业靠老板拍脑门、拉关系、搞腐败，使企业红极一时，但昙花一现，很快倒退，甚至灭亡，这样的企业不少，其教训是深刻的，根据我国建筑企业高质量发展的客观要求，应建立一种新的管理体制。

新的管理体制应为在党组织领导下的民主集中管理体制。其管理体制应在现有管理体制上进行三个调整，其一，调整企业股权结构，将企业少数人投股，调整为人人投股，其股额比例可按照企业高层、中层、员工不同层次设置不同股额比例，一般高层管理层占股本 30%，中层占 40%，基层占 30%。在三层中再按不同责任进行分解，构建新的股权结构，使企业内人人参股，人人有话语权。其二，调整企业组织结构，企业的原董事会与企业党组织进行合并，建立企业党委（党支部）与董事委员会，其党委（党支部）与董事委员会书记与董事长、委员与董事必须由持股额较大的党员担任，并通过企业党员会议或党代会与企业股东会选举产生并报上级党组织与建设行政主管部门批复。企业党组织纪律检查委员会与企业监事委员会合并，建立纪检与监事委员会，其纪检监委员书记与监事长、委员与监事，通过企业党员会议或党代会与企业股东会或选举产生，并报上级党组织与建设行政主管部门批复。企业工会委员会与企业股东会合并，建立企业工会股东会，其企业工会股东会主席、副主席及其委员，通过企业职工股东会选举产生，构建新型的组织机构。其三，调整企业管理组织职能，企业党委（支部）与董事会负责讨论研究企业行政管理人员任命，进行企业经营投资等重大问题决策，为企业最高权力机构。企业纪检监事与委员会，负责企业经营活动及其他相关事务的过程检查与监督，以及对企业人员奖励与处罚，并包括企业与企业人员违法违章以及企业所承揽的工程项目检查与监督，财务、质量、安全等一切行业的管理监督工作，为企业的监督管理机构。企业行政管理机构负责企业市场开拓，工程项目投标，施工预算决算等日常管理工作，为企业行政经营、生产、事务性管理机构。企业工会股东职工委员会，承担企业内部分配及其福利待遇，进行技术应用、研究、开发和维护职工股东合法权利，以及企业管理制度体系建立，反映职工股东建议要求呼声，开展职工活动，企业内外矛盾的调解处理等职能，为企业的维护管理机构，构建符合中国特色社会主义新时代的管理体制结构。

## 第二节　管理方法

几百年以来，国内外企业管理均实施人为性管理方法为主体，这种管理方法在我国现阶段已经不符合中共十九大会议精神，不符合时代基本要求，不能满足企业的发展。中共十九大报告中提出："加快发展先进制造业，推动互联网、大数据、人工智能和实体经济深度融合……"要求，作为建筑企业来说，也可作为从事建筑产品制造的专业行业，而传统性管理方法则与中共十九大报告精神不相吻合，完全不能体现互联网、大数据、人工智能和我国建筑企业实体经济的深度融合特征，目前国内外社会政治经济活动均进入了互联网、大数据、人工智能时代，而我国建筑企业管理仍然拘禁于人为性管理方法，这种管理方法，于当今国内外飞速发展的互联网、大数据、人工智能不相匹配，落后于时代要求。建筑企业高质量发展包括企业高质量发展与高速度发展两个方面。而传统人为性管理方法，某种意义上讲，容易产生管理直空，难以保证质量。另一方面人为性管理与互联网、大数据、人工智能管理相比用工多，速度慢，某种程度失去管理与发展机遇，目前我国亦有企业已经迈入了互联网、大数据、人工智能新时代，其实践效果已经证明了这一点，所以我国建筑企业高质量发展管理中，应加快建设管理方法现代化。

　　管理方法现代化建设重点是建设现代化管理平台，企业应用互联网建设注册管理平台，在管理平台中设置经济财务管理窗口，工程信息投标窗口，材料采购管理窗口，品牌信誉管理窗口，人员职工管理窗口，工程建设管理窗口等。同时应用大数据，建设人才数据库，材料机械数据库，工程项目信息库，技术成果数据库，经济资本数据库，信誉品牌数据库等，应用人工智能技术，将管理程序标准要求软件安装在计算机中，同时通过远程监控系统收集管理数据，反映至管理平台上，管理信息平台系统，应进行信息记录，并应按照信息系统内程序向管理者、实施者发出指令。或直接向前端智能系统发出指令进行自动纠错。简单地讲，建筑企业现代化管理方法平台建设主要由后端总体平台计算机，连接内部人员计算机，并与客户计算机有效连接。同时内部人员计算机与远程监控系统及其智能性机械系统进行有效连接，可以形成无限大的网络系统，使企业管理达到高效、快捷、精确管理效果，实现建筑企业管理方法现代化。

建筑企业管理方法现代化建设，首先应对员工进行技术培训，掌握现代管理技术流程，能够熟练操作。同时应配置相应设施，包括计算机及其网络系统、监控系统、智能系统等设施，另外应大力开发现代企业管理软件，或购置现代企业管理软件进行安装，使建筑企业管理现代化的目标实现，适应建筑企业高质量发展需要。

当然，建筑企业管理方法现代化建设与应用其效果、速度、精度、均比人为性管理方法要高，但也不是万能，亦有因其运行故障，导致管理错位。所以我们在建设与应用企业管理现代化系统中，仍应提升人为性传统管理方法，同时注重对现代化管理系统维护，提高管理效益。

## 第三节　管理制度

管理制度相当于每一个具体企业或单位内部的法律，这个法律体系的完善性、系统性、持续性则是每个具体企业单位能否持续健康发展之本。众所周知，美国建国已有二百多年，这个国家建国后除政治体制稳定外，另一个特征就是国家法律系统完善长久，支撑了国家持续发展成为世界上的强国。

大到一个国家，小至一个企业持续健康稳定发展的经验，离不开系统完善长久性的法律制度体系，我国建筑企业自改革开放以来，大大小小的建筑企业均制定了具有各个企业特点的管理制度，这个制度体系，支撑了企业发展，在企业发展中发挥了作用。但我们对全国建筑企业进行了调查，调查显示，其中较大比例的企业其管理制度缺乏完整性、精细性、连续性，影响了企业发展，其中一些短命企业的教训，就是缺乏可靠、完善、精细、持续的管理制度体系，也曾有企业尽管红极一时，终因缺乏可靠、完善、精细持续的管理制度而灭亡消逝。

中共十九大报告中多处强调了深化完善中国特色社会主义制度体系，就是基于制度的重要性，为了更好地贯彻落实中共十九大精神，更好地保证建筑行业持续健康发展，应加速建设完善、可靠、精细、持续的建筑企业管理制度体系。

建设完善、可靠、精细、持续的建筑企业管理体系，必须以新时代中国特色社会主义思想为指导；必须以现有国家法律法规为依据；必须以企业（公司）章程为核心；必须以企业现有管理制度为基础；必须深刻理解现代企业管理制度，建设完善、可靠、精细、持续要求的内涵，建设修订完善、可靠、精细、持续的企业管理制度体系。建设修订完善、可靠、精细、持续的企业管理制度体系，必须以新时代中国特色社会主义思想为指导，其最本质特征是中国共产党领导。习近平同志在中共十九大报告中强调指出："必须坚持党对一切工作的领导。党政军民学、东西南北中，党是领导一切……"所以在修订完善、可靠、精细、持续的现代企业管理制度体系中必须以新时代中国特色社会主义思想为指导，并把坚持中国共产党领导这个最本质特征贯串在建筑企业现代管理制度之中，彰显中国特色社会主义思想本质特征。必须以现有国家法律法规为依据，习近平同志在中共十九大报告中强调："坚持全面依法治国，全面依法治国是中国特色社会主义的本质要求和重要保障。必须把党的领导贯彻落实到依法治国全过程和各方面……"根据中共十九大精神，以现有国家法律法规为依据，建设完善、可靠、精细、持续的现代企业管理体系。同时还应充分认识国家现有法律法规是全国各族人民、各行各业应遵守执行的守则，相对于企业管理制度来说为上位法律，而企业管理制为下位制度规定。下位制度规定必须从属于上位法律法规，并相统一，所以我们建设完善、可靠、精细、持续现代企业管理制度必须以国家现有法律法规为依据。必须以企业（公司）章程为核心，企业（公司）章程制定是在国家法规基础上制定的，是通过企业（公司）股东大会或职工代表大会所审议通过的，是企业政治经济文化的集中体现的总体要求，是企业政治经济文化活动的企业"《宪法》"，所以企业建设完善、可靠、精细、持续的制度体系必须围绕企业《章程》这个核心进行建设修订。必须以企业现有制度为基础。我们建筑业企业历经改革 40 年风雨历程，有着成功的发展经验，也有着深刻的教训，其经验教训基本融入于企业管理制度之中，其企业现存管理制度是企业发展过程中经验教训的总结体现，是企业文化积淀的宝贵财富，所以应以现存企业制度为基础，既传承发扬企业文化，又能省时省财。必须深刻理解现代企业管理制度建设的完善、可靠、精细、持续内涵，现代企业制度建设关键问题，应明晰企业制度建设总体要求，不能明晰企业制度建设总体要求，就没有企业制度建设的方向，没有目的方向的制度建设是无用的，似雾中飞鸟、断线风筝等。明晰企业制度建设总体要求还不够，还必须深刻理解要求的基本内涵，才能有的放矢，建设现代企业管理制度。我国建筑业企业现代管理制度建设，根据中国特色社会主义思想，国家现有法律法规精神及企业（公司）通用性章程内容与现有普遍性的企业管理制度提出："完善、可靠、精细、持续"八字方针要求，应充分理解"完善、可靠、精细、持续"内涵实质。应注重完善管理制度级别，在这方面我国目前仍未有任何界定，我们参观中建总公司等大型企业做法，借鉴国外先进做法，综合认为应以完善四级管理制度为主体，一级制度为企业（公司）章程，二级制度为行政性决策制度，也就是重大政治经济文化活动决策制度。三级制度为要素性制度，即质量、安全、财务、人事、材料、机械等制度。四级制度为过程性制度，是以各要素中子要素内容为核心的制度。应注重完善管理制度程序，目前我国企业管理制度编制修订一般按照企业法人代表意图，借鉴其他企业制度，经企业法人代表认可进行发布。应明确规定制度编制修订论证、讨论、审核、发布等程序，确保制度科学性与严肃性，应注重完善管理制度行为，企业管理制度建设目的在于应用，而目前我国不少建筑业企业制度建设为制度建设而建设，没有深化应用，制度不能发挥效用，所以我们应把制度应用与监督管理进行规范，制定应用监督管理制度。注重完善管理制度缺失，可以断言，我国现阶段多数企业存在管理制度缺失问题，其缺失要素项目管理制度、要素子要素项目制度、管理内容等三个方面。可靠主要在于可靠的应用，目前我国建筑业企业所制定的制度体系中，某些项目制度、某些条款内容借抄现象较为严重，不符合企业经营特点，不符合企业实际，必须进行调整。精细主要在于制度条款的细化，细化到每一个微小环节上，美国政府所颁布的每项法律均很细化，在《宪法》中规定了公民的具体行为，使《宪法》发挥了很大的效用，我们建设企业管理制度不妨借鉴美国《宪法》文本。精细主要在于制度内容精细，用词用句，标点符号准确，反复推敲。持续主要是制度建设要有战略眼光，要有长久性应用效果，确保制度建设的持续性效果。

　　建设完善、可靠、精细、持续为基本特征的企业管理体系，目前我国建筑企业均应进行组织建设、基础调查、修订完善、论证四个环节。组织建设：企业管理制度建设实质是一项量大面广的系统性工程，非合力而不行，各个企业均应高度重视，组织构建强有力企业管理制度，建设专门机构，并由企业负责人担任组长，企业行政管理主要领导任副组长，集聚企业行政、人事、财务、质量、技术、安全、经营等各类人才为成员的企业制度建设机构，同时按要素下设若干小组，建立一个具有建设企业制度强有力的组织机构。基础调查：一方面进行企业管理制度缺乏的调查，并召开研讨会，到相关企业学习考察，综合梳理企业管理制度建设问题。另一方面对企业自主建设的管理制度进行梳理，并分门别类，找出企业管理制度存在的问题。修订完善：针对企业自身制度中的缺陷，制订修订计划，分小组落实编制任务。论证发布：根据各小组所编制的管理制度，由企业制度建设领导组进行汇编。然后分类分项组织专家进行论证。通过论证后，由企业总经理签署命令向企业全员进行发布，并将企业管理制度手册印发给每个员工，同时组织企业员工进行学习考试，把企业制度内容灌输到每个员工头脑中，使管理制度精细化，同时达到管理精细化程度。

## 第四节　管理程序

中国有句古话:"没有规矩不成方圆",这是众所周知的道理,所以我国进入市场经济以后,不少企业均制定了不少的管理程序,并在经济高速发展中发挥了一定的作用,但我们调查了解到部分企业管理程序不完善,亦有企业无规范化管理程序,给企业发展带来了严重影响并造成极大的风险。同时有部分企业所形成的管理程序,尽管发挥了一定作用,但不符合法律规定,不符合社会主义本质特征,不符合民主管理原则。中共十九大报告中明确提出"坚持全面依法治国",而部分企业所形成的企业管理程序中,忽视了依法治国的基准,笔者曾翻阅过某企业管理程序文件,其中建筑企业员工操作违规处罚程序中,责令离开,然后关禁闭三天。还有企业对员工迟到处罚程序中,当发现员工迟到15分钟后,企业立即发放处罚通知书,并处罚200元,限将处罚款当日到位。如当日未到位将再处罚100元,如此种种处罚程序,不符我国法律规定,超越了国家法律规定范围,且明显有违法律精神。另外到不少企业考察,调阅企业管理程序文件,其中90%以上的企业管理程序文件中,没有企业党组织对企业某些重大决策讨论研究程序、可以说共产党的领导只字未提,而我国特色社会主义本质特征就是坚持共产党的领导,显然与中国特色社会主义本质特征相背。再说我们所调阅的企业管理程序文件中,诸如职工工资分配程序、员工升职程序均以董事会讨论决定程序,没有民主评议,没有德能勤绩考核,更没有召开党组织会议讨论程序,严重违反了我国民主集中制的管理原则,所以我们必须改变完善管理程序。

完善管理程序的指导思想必须坚持以中共十九大精神、中国特色社会主义思想本质特征为指导,以现有国家法律法规为依据,以我国建筑业企业经济发展需要为基础,突出党的领导地位,突出民主管理,突出企业经济高质量主题,完善建筑企业程序，构建企业管理程序化。

建筑企业管理程序化，注重构建行政管理程序规范化、构建企业决策程序规范化、构建经营程序规范化，构建财务程序规范化，构建人才引进使用程序规范化，构建材料设备管理使用程序规范化，构建生产程序规范化等7项管理程序规范化。

1. 行政管理程序规范化主要是：会议程序规范化流程为召开建议申请、批准、通知、签到、召开、效果、落实等；企业文件发布规范化程序为文件名称建议、起草论证、文件批准、发布、落实；企业奖罚程序规范化程序为奖罚项目建议、方案制定公示、审批、落实；企业办公室调整程序规范化程序为调整建议、方案策划、方案公示、方案批准、方案落实；文书档案管理规范化程序为提交、接受、保管、借用、归还。

2. 决策管理程序规范化主要是：重大经济投入决策规范化程序为建议、调查、方案计划制定、论证批准落实；重大市场开发规范化程序为建议、调查、方案制定、方案论证、方案批准、方案落实；重大工程项目承揽规范化程序为建议调查、方案制定、方案论证、方案批准、方案落实；企业机构调整规范化程序为调查、方案制定、论证批准、落实；企业重组并购规范化程序为建议、调查、方案制定、论证、批准、落实；企业破产规范化程序为建议、核查、方案制定、论证、批准、申请、实施；人事调整规范化程序为建议、方案制定、考察、定向谈话、方案批准、落实。

3. 企业经营程序规范化主要是：市场布局规范化程序为布局、调查、设计、论证、批准、方案落实；经营项目确立规范化程序为市场调查、设计、论证、批准、落实；工程项目投标规范化程序为接受招标文件、分析招标文件、研究投标策略、编制投标文件、送交投标文件；工程项目信息收集管理规范化程序为信息收集、信息筛选、信息报送、信息跟踪；工程项目决算规范化程序为决算资料收集、确定决算依据、制定决算方案、决算书编制、决算书复核、决算书报送；合同签订规范化程序为合同书拟定、合同书论证、洽谈程序、合同书审定、合同签订、合同事项落实。共6项规范化程序。

4.企业财务程序规范化主要是：经费预算规范化程序为预算报告起草、论证审议、发布、落实等程序；经费决算规范化程序为经费盘点、决算报告起草、论证、审议、发布等程序；经费使用规范化程序为经费使用申请、核验、批准、拨付使用等程序；财务票据管理规范化程序为出具提交、审核、入账等程序；财务档案管理规范化程序为整档、审核、归档、保管、借用等程序。

5.人才引进使用程序规范化主要是：人才引进（招聘）公告发布规范化程序是公告拟定、审核、申请、批准、发布等程序；人才引进招聘计划规范化程序是基础调查、预测企业发展需求、起草计划、进行论证、审核批准、组织实施等程序；引进考试规范化程序是制作考卷、考场时间确定、发布考试通知、组织考试、阅卷、考试成绩公布等程序；人才引进面试规范化程序是确定面试时间地点、发布面试通知、制定面试大纲、建立面试考核专家组织、进行面试、综合评价等程序；人才引进录用规范化程序是发布录用通知、进行谈话、安排岗位场所、实行试用、签订合同等程序；人才岗位晋升规范化程序是考试、考核、评议、讨论、确定等程序；人才换岗规范化程序是人才申请、理由认定、开转岗文件等程序；人才档案管理规范化程序是提交、接受、保管、调出、归档等程序；人才流通规范化程序是申请、批准、签订保密企业信息协议、预押保密金、结清工资福利款、进行工作移交、开出流通证明、移送相关档案资料等程序；人才解聘规范化程序是拟定解聘通知、送交审核批准、传发解聘通知、终止用工合同、结清工资款及其与企业经济往来、交接移交工作等程序。

6.材料设备管理使用程序规范化主要是：材料设备采购规范化程序是编制采购计划书，进行采购书论证审核批准、发布招标公告、进行评标、确定入围单位及其材料设备品名规格、签订采购合同、进行材料设备检测等程序；材料设备保管规范化程序是设置保管地点场地（仓库）、明确保管人、接收材料设备、盘点数库、进行入库检验、签署入库单、设置标单、记入材料设备手册等程序；材料设备使用规范化程序是签发领用单、进行材料设备检验、核对领用数量、核减材料设备手册数目等程序。

7. 工程项目施工程序规范化主要是：施工过程规范化程序是勘察、设计、施工，其中施工又分为基础施工、主体施工、屋面施工、装饰装潢施工、竣工、验收等过程；施工要素规范化程序主要包括施工材料管理程序流程、制定材料使用计划、领用材料、进行材料检测、确定材料使用方法、检验材料使用效果；施工设备管理规范化程序是制定设备使用计划、调配设备、进行设备检测、安装设备、设备试用、设备使用、设备清理、设备撤场等程序；施工人才管理规范化程序是制定用人计划、配置每天用工人员、进行岗前教育、检查保护配置、查验上岗下岗时间、测查工作量等程序；施工质量管理规范化程序是制定质量目标、进行技术交底、实施材料配比试验与检测、控制操作过程、进行现场点线验收等程序；施工安全管理规范化程序是制定安全目标、进行安全交底、检验安全装置、实施现场监控等程序；施工现场环境管理规范化程序是确立环保目标、进行环保教育、进行环保交底、安装环保设施、进行环保维护、定时检验等程序。

管理程序规范化，我们重点设置 7 大项 41 分项，若干小项管理程序规范，每个程序中均要明确依据标准、指标、时间、责任人四个要素，确保程序规范实用有效，使建筑企业管理全面进入管理规范化轨道，推进建筑企业可持性高质量健康发展。各个企业根据自身特点进行必要修改和补充。

## 第五节　管理行为

管理行为人性化是在我们实施管理的全过程注重以人为本的管理，有利于人们身心健康，有利于人们能力素质提升，有利于减轻劳动强度，有利于报酬水平提高，有利于幸福指数增加的一种管理行为。

我国进入市场经济后，特别是进入经济高速增长阶段，各行各业，不少企业忽视了人性化管理，采用野蛮式、无休止延长工作时间，忽视工作环境、安全卫生条件要求，让员工冒险作业，过度增加工作压力给职工造成身心伤害，安全事故屡屡发生，跳楼自杀事件屡见报道，建筑业企业亦为如此。

我国经济高速增长阶段中的非人性化野蛮式管理方式，尽管促进了经济高速发展，但严重影响了社会和谐与稳定，加剧了我国人民日益增长的美好生活需要和不平衡不充分的发展之间的矛盾。我国现在人民生活水平普遍提高，为何社会上仍有不少人对现状不满，其实就是我国众多企业的非人性化野蛮式管理造成我国人民日益增长的美好生活需要和不平衡不充分的发展之间的矛盾。

我国是中国特色社会主义的国家，新时代中国特色社会主义思想本质特征是坚持中国共产党的领导，以人民为中心，主要任务就是要求解决人民日益增长的美好生活需要和不平衡不充分的发展之间的矛盾。在21世纪中叶建成富强民主文明和谐美丽的社会主义现代化强国，这是习近平同志在中共十九大报告中传达的精神。报告中还作出了"我国经济已由高速增长阶段转变为高质量发展阶段"的科学判断。我国建筑业企业在高质量发展阶段中应深入贯彻落实中共十九大报告精神，并具体落实体现在建筑企业人性化管理方面。

建筑企业人性化管理在于充分调动企业全员劳动积极性，化被动性为主动性劳动；在于创造宽松安全健康工作生活环境，化紧张性为舒悦性劳动；在于解决全员共性困难问题，化背心式为向心式劳动，促进社会稳定和谐，缓解我国人民日益增长美好生活需求和不平衡不充分的发展之间的矛盾，推动企业经济高质量发展。

1. 建筑企业人性化管理在于充分调动企业全员劳动积极性，

化被动性为主动性劳动，这是根本。充分调动企业员工劳动积极，关键在于调整企业股权结构，扩大企业员工股本比例，并达到企业员工持股人数100%，使员工充分认识企业不是少数人企业，而是每一个员工的企业，从而调动企业员工劳动积极性，化被动性为主动性劳动。关键在于建立民主集中管理体制，强化党在企业中的领导地位，并完善企业工会、职工代表大会制度，让普遍员工在企业中存话语权，从工人转向管理岗，从而调动全员劳动积极性，化被动性为主动性劳动。关键在于激励为主，处罚为辅的原则，为企业全员工作做出成绩者，作出贡献者，不仅给予一定的经济物质奖励，还应给予更多的精神奖励，给予他们颁发奖状，通报表彰，戴红花颁奖章，授称号，提职务，上岗位，当代表，出汇编等一系列奖励办法，使他们获得荣誉感、自豪感。同时对过错违规员工给予以内部教育为主，经济处罚为辅，不动筋骨不伤元气，执行"惩前毖后，治病救人"方针，充分调动全员积极性，变被动性劳动为主动性劳动。

2. 建筑企业人性化管理在于创造宽松安全健康工作生活环境，化紧张性为舒悦性劳动，这是基础。在中国市场经济初期，我国建筑界推崇南通铁军精神，这个铁军精神实质就是吃三睡五干十六，同时还流传着建筑铁军的形象。干起来如牛，吃起来如狼，睡时像狗。这种精神形象确实也激励了不少建筑界人士，推动了建筑企业发展。这在我国人民生活还处于初级发展阶段时，发扬南通建筑铁军精神，展示南通铁军形象，并不为过，同时还促进了我国建筑业企业的发展。我国在20世纪五六十年代期间国家树立了工业学大庆典型，农业学大寨典型，同时号召学习大庆铁人王进喜"北风当电扇，大雪是炒面"的精神，同样激励了中国人民走艰苦奋斗之路，使中国战胜了一个又一个困难，为我国改革开放，进入市场铺垫了基础。毫无疑问，在当时社会背景下肯定是正确的，无可置疑。随着社会发展，科技发展，人民生活水平提高，思想意识的变化，某种意义上讲，原来的南通建筑铁军精神与铁军形象不符合现代人性化管理。当代社会建筑业从业人员工作生活需要营造一个宽松、安全、健康的工作生活环境，从紧张性劳动方式中解放出来，转变为愉悦的劳动方式。应从减少工作时间与劳动强度着手，首先从政策上进行调整，我国现行劳动法规定每周为五天工作制及法定休假日与每天8小时工作制，这在全国党政机关及企事业单位施行，而在我国部分企业中，特别是建筑企业中就不同了，变成了两重天。我们调查发现，我国建筑企业能按照国家劳动法规定的劳动日和劳动时间严格执行的仅占10%以下，90%以上企业每周为6天工作制；法定节假日也大打折扣，日工作时间最长的为12小时以上；工作很不轻松，加之建筑上历来是苦脏险行业，劳动强度较大，所以我国建筑企业一定要执行《中华人民共和国劳动法》，按照国家法定工作日与工作时间执行，同时国家劳动社会保障部门应加大《中华人民共和国劳动法》执行力度，集中进行劳动监察督查活动，层层派督查组，要像反腐败力度一样，检查劳动法执行情况，保证劳动法实施，解决超时劳动问题，给我国建筑业从业人员宽松的工作氛围。同时还建议我国劳动社会保障部门尽快出台特殊行业劳动工作时日条例，进一步减少工作时日，建筑业可以根据企业实际情况调整工作时日，创造宽松的劳动氛围。其次要从施工方式上进行转变，我国建筑企业工程项目施工仍然应用传统性施工方式为主体，实行以野外性施工，人工操作方法，工厂化装配式施工所占比例不大，机械化操作仅占总用量30%左右，使我国建筑人员没有从根本上的苦脏险劳动中解放出来，所以我们呼吁住房城乡建设部要进一步强化工厂化装配式施工推进力度，并强调建筑工程施工机械化程度，要超过用工量的60%以上，建筑施工企业应积极转变建筑施工方式，大力度采用工厂化装配式施工方式，机械化操作，减轻建筑人员劳动强度，缩短劳动时间，提高劳动效率，创造宽松的劳动工作氛围。再次要从劳动技能上转变，我国建筑业尽管经过上千年变化，且创造了不少的举世闻名的优秀建筑，秦朝时期的万里长城、清朝时期圆明园、中国当代鸟巢、东方明珠电视塔……均为杰出作品，但泥刀闯天下的影子，还没有绝迹，这说明我们的建筑技艺技能上还有待提高，我们建筑界从业人员文化学历层次还不高，技能水平还不强，这就必然导致劳动强度大，劳动时间长。所以我们要从危险紧张性劳动状况转变为宽松性劳动状况，其中根本性问题要从劳动技能上转变，甩掉泥刀，敲打键盘，应用人工智能技术，利用机器人进行操作，要从技能上很好转变。国家应进一步制定政策，鼓励开发互联网、大数据、人工智能与建筑施工机械有机融合，与建筑施工工艺有机融合，与建筑企业及其项目管理有机融合。同时住房城乡建设部应制定政策，用建筑智能技术、大数据技术、互联网技术贯串在工程项目招标条件与监督管理之中，推动劳动技能转变，甩掉泥刀。其次国家高等院校要开设建筑新技能课程，注重培养建筑新技能高层次人才。再次建筑企业应选送企业现有技能人才到大专院学习深造，并广泛集聚高技能人才，构建新技能高层次人才团队，彻底甩掉泥刀，拿上键盘转变传统性劳动技能。另外建筑企业还应继承与发扬传统性建筑文化贯串在建筑工程项目施工过程之中，诸如劳动号子、说鸽子（说富贵）、对口词、陕北民歌、天津快板等建筑行业传统文化艺术、现代文化艺术贯串在施工过程中，创造宽松劳动氛围，从紧张性劳动转化为舒适性劳动，这是我们阐述了创造宽松劳动氛围，转化舒适性劳动的几点措施方法，这还不够。舒适性劳动应为安全性劳动，所以住房城乡建设部应加大建筑业企业生产经营活动中的专项安全督查活动，纠正查处违法违章安全生产行为，建筑企业更应详细制定安全生产预案及安全生产技术规程，做好每道工序的安全生产技术交底。同时确保配套安全费用到位，安全设施到位，安全防护品到位，安全监控系统与安全人员到位，安全管理制度及教育到位，为建筑企业职工创造安全性工作环境，化紧张性为舒悦性劳动。健康工作生活环境创造也是建筑企业人性化管理化解紧张性为舒悦性劳动一个重要组成部分。创造健康工作活动环境主要有关注工作环境与生活环境两个方面，工作环境主要指施工现场应配置环保设施降尘控污，垃圾集中处理，材料分类堆放，工作间按工种分开，保持场地整洁，空气质量达标，噪声控制在允许范围之内，构成良好的健康的工作环境。生活环境上，职工宿舍建议保证每个职工占面积平均不少于 $5m^2$，室内配电视机、空调降温保温设施及专用浴房等配套设施。职工食堂应保持整洁，配有冰箱、消毒器具、无蝇无蚊，每日配有能够满足职工营养需要的食品供应，其食堂应符合国家食堂卫生标准要求，并经卫生监督部门审核通过，取得证书方可从事职工食堂供应工作。另外卫生间应无蝇、无蚊、无臭，其生活污水统一输入污水管道集中处理，达到人性化管理，基本生活工作环境要求化紧张性为舒悦性劳动。

3. 建筑企业人性化管理在于解决全员共性困难问题，化背心式为向心式劳动。人心历来是关系事业发展的根本问题，建筑企业人性化管理最主要目的就是要凝聚人心，使企业全员想企业所想，行为企业所使，企业就是我的家，家是我唯一的依靠，曾几何时，也有一段时期，我国建筑企业存在这个现象。当我国经济完全进入市场经济后，这个现象渐逝，目前我国进入经济高质量发展阶段，习近平同志在中共十九大上提出"坚持以人民为中心"的号召，我们建筑企业人性化管理中，贯彻落实习近平同志在中共十九大报告中提出的这一重要指示精神，具体行为就是以企业员工为中心。以企业员工为中心根本问题就是解决员工的美好生活需要与企业发展之间不平衡、不充分的共性问题与矛盾，目前我国企业员工包括建筑企业在内普遍存在对人们美好生活需要与社会及企业发展之间不平衡不充分的共性问题，实际也是社会问题，主要是退休金偏低，不能满足美好生活需要，看病费偏高，得不到及时很好医治，不能满足美好生活需要；住房价格偏高，缺乏舒适生活空间，不能满足美好生活需要；子女上学费偏高，子女得不到良好教育，不能满足生活需要。这些共性困难矛盾，其企业发展也是一时难以解决的，还需要我们付出艰苦努力，在相当时期，逐步解决，逐步凝聚人心，不过应从现在起着手解决这样共性问题。其一，着力解决企业员工退休金偏低问题，其二，目前国家已经连续上调了两次企业员工退休金待遇，但仍不能基本满足退休人员美好生活需要，企业应在公用资金中，进行一定的补偿。其三，企业对现有员工养老保险金缴纳应按国家政策，正常缴纳，同时企业应保证现有企业员工缴纳养老保险参保率达到100%，不留死角，解决职工后顾之忧。其四，今后凡是企业退休人员应根据企业经营状况，每年应给企业退休人员一定的退休费用补偿，制定补偿办法，提高企业员工凝聚向心力。其五，着力解决看病医疗费偏高问题：目前我国基本实行了医疗保险制度，大部分员工进入了医疗保险系统，但在实际操作中，其就医治病有些费用仍不能解决，特别大病医疗，所以针对这个问题，我们提出两种方案供研究参考。第一有条件的企业全权承担大病医治费用，实用实报，充分体现企业的优越性。第二大部分企业出资投保，参加全国性大病医保，亦能体现企业优越性，提高企业凝聚向心力。其六，着力解决住房价格偏高问题，建筑企业应根据企业自身优势，给予职工福利性成本价房，且应规定面积标准，充分体现企业的凝聚力与向心力。其七，着力解决子女上学费用偏高问题，除国家政策规定与限制学校取费外，建筑企业单位可以对企业职工子女上学，在校期间适度进行补贴政策，提高企业凝聚力与向心力。还可以定向委培职工子女上专业院校，减轻企业职工生活压力，也增加企业专业人才储备，提高凝聚力与向心力，彻底从相背式劳动转为向心式劳动，构建和谐的劳动关系。

综上所述：我国建筑企业高质量发展管理，构建"五化"模式至关重要，这是符合中共十九大精神，符合习近平新时代中国特色社会主义思想特征，符合建筑企业高质量发展需求。

# 第十二章 建筑企业高质量
# 发展基本市场

自我国实行市场经济以来，经济建设快速发展，中国城市农村面貌发生了根本性变化，大中城市基础建设包括房屋工程建设日趋缓和。中共十九大上习近平同志报告中作出了"我国经济已由高速度增长阶段转向为高质量发展阶段"的科学论断，这意味着我国建筑企业市场空间明显减少，僧多粥少现象逐渐显现。

众所周知，市场经济运行之中，任何行业企业发展离不开市场，建筑企业更是依靠市场才能发展，当前面临着市场危机困惑路在何方，这是我国建筑企业急需解惑的突出问题。

针对我国建筑企业急需解惑的难点突出问题，我们进行了认真学习，理解中共十九大精神及党的一系列方针政策精神，并通过对建筑企业调查了解，综合分析认为：我国建筑企业高质量发展阶段中应对市场进行重新定位，并根据重新定位的市场进行市场分析，精准构划发展举措，实施步骤，确保我国建筑企业高质量发展持续健康。

## 第一节 市场定位

我国长期的市场经济增长阶段，市场区域以国内沿海大中城市为主体，市场以工程施工为基础；市场行业以工业民用建筑为核心；市场项目以实用项目为根本；市场产品以大众性产品为重点的建筑企业的市场定位。按照这个市场定位，中共十九大报告业已发出信号，市场空间越来越小，企业发展越来越艰难。所以我国建筑企业应审时度势以不变应万变，建筑企业的基本属性不变，仍为建筑企业，变则为市场定位变化。

我国建筑业企业市场定位变化，应依据中共十九大精神定位，应依据我国经济发展需求定位，应依据社会自然变化要求定位，应依据我国现行技术水平能力定位，应依据人民美好生活需要定位，实施建筑企业高质量发展的市场科学性定位。

1. 依据十九大精神，定位两个区位市场。

两个区位市场主要是国际市场和国内市场，这是我国建筑企业高质量发展的主体性市场。这两个市场的定位是依据中共十九大精神进行定位的，在中共十九大报告中有两个思想：一是对外开放思想，并以"一带一路"建设为重点，形成开放格局，遵循共商共建共享原则，引进来与走出去并重，建筑企业根据这个精神应该走出去，走出去就能发展，建筑企业市场眼光不能滞留在原来的沿海大中城市，应放眼望去，瞄准抢占国际建筑市场高地。同时建筑企业的另一只眼睛再回过头来，看看国内建筑市场到底如何？在中共十九大报告中的另一个重要思想就是区位发展协调思想，这个思想特别提出要支持革命老区、民族地区、边疆地区、贫困地区建设发展及东北老工业基地振兴建设，高标准地建设雄安新区等。十九大报告中这个区位协调思想释放了一个信号，国家将这些区位，我们把其称为国内本质性区位，进行大力度开发与建设，所以建筑企业的另一眼应定位于国内本质性区位市场，这个市场是大有可为的。

2. 依据经济发展进程，定位两个产业市场。

两个产业市场主要是维保产业、物业产业。我国市场经济40年发展中，掀起两次大的建设高潮，第一次为20世纪90年代，第二次为21世纪初，这两次基本建设高潮的掀起，使中国经济比较发达的沿海大中城市房屋建筑基本饱和，市政配套工程基本到位，现代化城市格局基本形成。但同时带来了两个问题，其一，20世纪90年代中所建设的房屋建筑及其配套设施已到了"更年期"，再过10年，21世纪所形成的建筑也将逐步进入"更年期"。其二，由于高速建设，某些细部配套先天性不到位，同时大面积小区建设、高档公寓建设等物业管理不到位，这两个问题突出。近年来各级人大代表、政协委员纷纷上书呼吁解决城市物管问题及现有建筑维护保养问题，所以根据我国经济建设发展进程、城市发展的基本要求，并以解决问题为目的，进行市场定位。根据这个定位的原则，建筑企业应着力发展建筑产品维护保养市场，着力发展建筑产品使用管理市场。这两个市场的发展，建筑企业不仅发展了本企业，获得了效益，还为政府分担了责任，为人民创造了方便，是一举多得的大好事。

3. 依据社会自然需求，定位两个行业市场。

我国40年市场经济发展历程，取得了可歌可泣的丰功伟绩，经济建设大发展，人民生活水平发生了翻天覆地变化，城市面貌焕然一新，这不能不说是我国改革开放市场经济取得的成绩。但高速度的经济增长也给社会自然环境造成了极大的伤害，其一生态遭到严重破坏，大片树林被毁，大片湿地受侵，大片田园被废等严重问题；其二环境遭到严重破坏，河水污染、土壤污染、空气污染极为严重，并导致沙尘暴、雾霾、洪水发生频率不断上升。对此问题党中央国务院及全社会充分认识了生态保护、环境保护的重要性，而且国家将出重资进行生态文明建设。建筑企业高质量发展中，应依据我国社会自然需求，进行市场定位，目前社会自然需求建设生态恢复工程与环境保护工程两个行业，这是我们建筑企业高质量发展的极好机遇，我们建筑业企业努力开拓生态恢复工程市场与环境保护市场，是贯彻落实中央十九大会议精神的重要举措，是解决社会自然问题的重要举措，是推动建筑企业高质量发展的重要举措，符合党的利益需要，符合社会利益需要，符合人民利益需要，同时也符合企业发展利益需要。

4. 依据人民生活需要，定位两个项目市场。

千百年来，中国人民追求耕者有其田、居者有其屋的理想社会，我国改革开放以后，经济得到了一定的发展，人们首先是购房，并把房屋大小作为财富高低的象征，为什么？因为人们过怕了无房生活，极度渴望有房，当然房屋是人们生活的第三需要。第一需要为吃饭，回顾中国农村改革开改之初，中国农村每年年底家家蒸馒头，蒸得越多，说明越富有，为什么，怕没饭吃，饿怕了。当吃饭问题解决了，人们就奢望穿得好一点，20 世纪末不少人戴领带、系裤带均比试品牌。进入 21 世纪后，基本问题解决了，人们追求住的问题，集中精力置房，比房屋面积大小，外观结构美观程度等。如今人们吃穿住行四个基本问题解决了，又需要什么呢？又需追求舒适、健康。通俗地讲，建筑企业原来所施工的房屋，已经不能满足人民日益增长的美好生活需要。针对人民对美好生活向往需要，建筑企业应更新观念，营造舒适、健康两个系列项目市场。所谓舒适工程项目系列，主要建筑企业在住宅工程建设上注重按照习惯性舒适需求，建设舒适项目产品。另一点就是按照人们健康需求，集中营造健康工程项目。营造舒适与健康两个项目市场，这是依据现阶段人们对美好生活向往需求为依据定位的项目市场，这个定位，完全符合人民对美好生活向往的需要，完全符合中国特色社会主义制度，完全符合建筑企业高质量发展需求。

5. 依据科技能力，定位一个产品市场。

目前我国建筑企业某种程度上讲，科技水平、科技能力有了较大发展，互联网、大数据、人工智能也在与建筑行业进行深度融合，有机应用，但应用深度不深，应用面不广。随着社会的进步，科技进步，人们对房屋建筑的使用功能将发生本质性变化，特别工业建筑、商务建筑、公务建筑等。随着社会快速发展的需求，这些建筑物功能应扩大到部分性或全部性原为专业后勤服务功能。比如自动关开门窗、室内打扫卫生、茶水供应、室内防盗管理等多项后勤服务功能，由建筑物内在配置设施承担，这种房屋建筑产品为智慧建筑产品，智慧建筑产品市场目前正在形成，我们查阅了国内外文献资料显示，目前在整个国际上包括美国在内，还尚未形成完整性的智慧建筑产品，不过智能锁、智能报警、智能控温以及弱电网线布置应用不少，只是还没有达到完善性的智慧建筑物。在我国建筑企业现有技术能力还没能够开发智慧建筑产品，需要与其他产业结合，一旦这个产品开发完成后，肯定受用户青睐，并将成就一个大市场。建筑智慧产品市场定位是依据我国建筑企业现有技术水平能力及建筑业潜在市场发展需求确定的建筑智慧产品市场定位，这个定位产品谁先推进，谁先抢了先机，定能很好发展。

综上所述：我国经济高速度增长阶段的建筑市场定位肯定是不适应高质量发展阶段需求，必须进行重新定位，根据中共十九大精神、社会发展需求、人民美好生活需要等多要素综合分析确定建筑企业高质量发展阶段市场定位为牢牢抓住国内本质性区位市场，努力拓展国际市场，积极谋划建筑维保与建筑物管两个产业市场，注重投入环境保护与生态恢复两个行业市场，积极组织构建舒适与健康两个项目市场，积聚力量打造建筑智慧产品市场，抢占国内国际生态、环保、维保、物管、智慧市场高地，推进建筑企业高质量可持续发展。

## 第二节　市场分析

建筑企业高质量发展市场已经基本定位，那么所定位的市场未来前景如何，我们应从市场容量、年限、利润率、技术要求等几个方面对所定位的市场进行分析。

1. 国内区位市场分析

国内本质性区位市场基本优势为范围区域大，包括边疆地区、革命老区、贫困地区、东北重工地区，以及雄安新区，这部分地区面积总和应占全国面积 70%，人口占全国人口 30%，这些区域要经过 20 多年努力，可达到我国沿海发达区域现代化建设水平，建设量大，施工周期长，同时这些区域是国家重点支持的地区，今后每年国家将出资 1000 亿元以上，支持这些区域的发展。国内本质性区位市场基本缺陷是交通运输不便，甚至可用水量不足，当地居民技能不强，利润空间不大。总体来说可以抓住国内本质性区位市场，保证企业可为发展，特别能够稳定职工队伍。

2.国际区位市场分析。

目前国际区位市场主要在"一带一路"合作国家市场，这些市场国家正处在基本建设高峰期，建筑工程要求不是很高，且建筑工程项目体量较大，取费标准一般依据国际标准取费，利润率较高，是可为市场。但这些国家地区存在劳动力充裕、劳动技能低、气候环境复杂、交通状况不大便利，尽管存在一些缺陷，开发国际区位市场还是必要的，是能够推进企业高质量发展的。

3.维保产业市场分析。

维保产业市场是基本设施维护改造产业的简称，其维保产业市场渗透到全国各个城市，量大面广，点多线长，据不完全统计，全国将有数万工程项目数千亿建筑平方米面积需要维护改造，且利润空间较大，但流动性大，工期较短，安全难控制等问题。发展维保产业市场，大有可为。

4.物管产业市场分析。

物管产业市场是建筑产品使用管理产业市场的简称，实际物业管理产业市场是国外已有上百年历史，中国是在市场经济中才发展起来的产业，但这项产业发展很快，目前在全国各地均有该产业的存在，预计不远的将来，可发展到乡村。该产业与维护产业一样量大面广，路线长，且人员及管理相对固定。存在利润空间小，从事物管产业企业较多，竞争力较强，同时存在管理设施原始化以及不配套问题，物管产业市场发展仍有较大空间，建筑企业可以参与竞争。

5.环保工程行业市场分析。

环保工程行业市场是对建设工程项目环境保护行业市场的简称，主要包括空气污染控制工程，排污水工程控制，垃圾工程控制，噪声、光污工程控制，污水处理、风沙处理、河道清污处理以及排污、排气、噪声、光污监控，城市绿化等具体事项统称为环保工程行业，这个行业市场也是新兴行业市场，目前还没有形成规模。该市场项目多，是国家重点扶持的行业市场，利润空间大，是一个大有前途的市场，但该市场项目体量少，施工时期短，专业性强，建筑企业应注重发展环保工程行业市场，下大力气挤进这个市场，抢占这个市场，谋求企业高质量发展。

6. 生态恢复工程行业市场分析。

生态恢复工程行业市场是自然性原有生态环境的恢复建设工程行业市场的简称，是一个新兴产业，包括山体生态恢复、湖泊生态恢复、湿地生态恢复、田园生态恢复等，该行业可能需要 20 年或更长时期，该行业量大面广，经济投入大，工期较长，利润空间较高，专业技术很强，是阳光行业，应抢抓机遇，发展生态恢复工程行业市场。

7. 舒适工程项目市场分析。

舒适工程项目是指住宅工程项目为主体的舒适型住宅工程项目，目前在住宅建设工程还没有任何一项冠以舒适名号的工程。舒适性住宅工程必须具备室内温度的舒适性，声光味舒适性，使用舒适性，观感舒适性，四个基本特性，这款工程项目符合人民美好生活向往需求，必然能够受到用户欢迎，这款工程项目技术要求较高，成本较高，但利润率较大，市场性较好，建筑企业高质量发展阶段应该多尝试。

8. 健康工程项目市场分析。

健康工程项目是泛指以健康为基本特征的住宅工程项目，目前已由住房城乡建设部住宅产业促进中心推动多年，以康居工程名称发展，但开发商积极性尚不够。当然冠以健康名号的工程项目必须具有空气清新，拥有灭菌功能，内部装饰材料具有促进健康功能，所传音声同时具备醒脑和催眠功能。健康工程项目上市后，必然受到消费者青睐，建筑企业高质量发展阶段应该多尝试。

9. 智慧建筑工程市场分析。

智慧建筑工程是建筑物应用人工智能系统服务人们在工作生活场所的一种建筑产品，包括自动进行物件防盗保管、门窗开关、室内卫生保洁、温度湿度调控、洗衣烧菜做饭等活动，这种建筑为智慧建筑工程，目前国内外市场尚无，需要研究开发，形成市场。这种产品项目价格较贵，但产品成熟后会受用户欢迎与接受，所以建筑企业应加大力度开发，抢占市场先机。

以上我们针对在我国经济高质量发展阶段中，重新定位的九大市场进行了分析，分析结论认为，建筑市场仍有广阔空间，企业发展存在众多机遇，只要精准把控建筑企业高质量发展方向，定能持续健康发展。

## 第三节　市场拓展

当时代已由经济高速度增长阶段转向高质量发展阶段的关键时期，建筑企业如何找准市场，准确定位，业已基本敲定，如何占领九大市场，抢占九大高地则是我们需要研究策划的主题。

占领九大市场，抢占九大高地不是件易事，不是轻轻松松能够实现的，需要我们企业周密谋划，合力攻克难关，占领市场，抢占高地。

占领九大市场，抢占九大高地战略部署是更新观念，统一思想，集聚人才，整合技术，把握重点，主动出击，先易后难，各个击破，合纵连横，借船出海，积聚实力，全面进攻，巩固阵地，持续发展等大战略部署。

1.更新观念、统一思想。建筑企业高质量发展，占领市场是工程建设经济活动中的硬仗，不得有任何思想的麻痹和松懈，否则亦可失去机遇，丢掉城池。这不是危言耸听，我们企业从领导到员工必须要对这个有充分认识，经济战争仍然是很残酷的，它是不相信眼泪的，是不同情弱者的。所以战前首先要更新市场观念，转变市场发展战略，瞄准新市场、新高地。其次要更新企业性质观念，企业是大家的企业，企业是全员的企业，企业是社会的企业，凝聚人心形成统一战线。再次要更新战略战术观念，战略上要藐视市场竞争，战术上重视市场竞争，从思想上坚定信心打胜这一仗，夺取全面胜利。要统一思想，必须组织全员认真贯彻落实习近平新时代中国特色社会主义思想，用习近平新时代中国特色社会主义思想武装企业全员，要组织企业全员进行大讨论，群策群力，发展企业。要宣传明晰企业发展目标，发展方向，发展举措，让全员把握企业发展主动权，达到思想观念上的高度一致，这是占领市场、抢占高地的重要基础。

2. 集聚人才、整合技术。国内外新一轮经济战争序幕已经拉开，中美贸易拉锯战持续进行，美俄经济战持续不断，我国国内处在经济高速增长阶段转向高质量发展关键时候，经济战争硝烟四起，火药味浓，危机四伏，一触即发。而新一轮的经济战争不仅是拼经济实力，最关键是拼人才、拼技术，谁掌握了人才与技术，谁就掌握了经济战争的主动权，要充分了解，要不惜血本，集聚天下英才，构建强大的人才队伍阵容。要不惜血本，整合技术，开发技术，特别重要的是形成智慧建筑产品系统技术，舒适建筑项目系统技术，健康建筑项目系统技术，生态恢复工程行业系统技术，环保工程行业系统技术。掌握核心技术就是掌控这场经济战争的主动权，企业要行动起来，时不我待，只争朝夕，集聚人才，整合技术，打赢新一轮经济战争这一仗，夺取全面胜利。

3. 把握重点，主动出击。尽管我国国内建筑市场空间将日趋缩小，但从整个国际市场大局来说，市场空间仍然很大，相对于某一企业来说，国内市场空间很大，加之新市场定位，市场空间就更大。作为某一家企业来说，绝不可以全面开花，全面出击。如果有能力、有实力，也不可全面开花全面出击，因为这种战术是不能打胜仗的，所以我们必须审时度势，把握重点，逐步推进。这个把握的重点主要是把握企业优势重点，也就是企业最适合、最有能力在那个方面发展，扬长避短。假设企业从事房屋建筑的，应占领房屋建筑市场为主体，因为其他优势不强，还应以优势优先为重点，可以不断发展舒适工程项目。假设企业从事工程项目设计，优先占领建筑设计市场为主体，进而可以拓展 EPC 项目。假设企业主要从事医院工程为主体的，优先占领医院工程市场，可以不断发展健康工程项目。也就是说把握企业优势重点，应把握企业有利的建筑工程项目类别、项目阶段、项目特征等三个方面。把握区位优势重点，首先应考虑区位优势还是就近为原则，区位越近越是最大的优势，远征军成本高，地形不熟，取胜难度大，所以工程项目建设应以就近为原则。把握环境气候重点，因为建筑工程项目建设以露天野外为主，所以应以气候环境适宜区域为主攻目标。把握人际关系重点，整个市场经济仍然存在人际关系，包括熟悉的供应商，有着很好的人际，更能成功与胜利。当前企业应集中力量，主动出击。该出手时就出手，机遇不等人，稍纵即逝。开好高质量发展的头，打好第一战役，争取胜利。

4. 先易后难，各个击破。建筑行业尽管是一个传统性行业，传统性思想认为是一个劳动密集型的粗犷行业，但在科技水平比较发达的今天，人们美好生活向往的今天，建筑业发生了质的变化，不是粗犷行业，而是精密制造业，不是劳动密集行业，而是涵盖多种技术的高端行业，因而整体性工程项目建设，整体性区位建筑还是有难度的。所以应从简易性工程着手，可以进行简易性工程总承包，专业分包，甚至从事劳务分包，从小处着眼，逐步延伸拓展，先易后难，由浅入深，各个击破。整体推进占领市场，抢占高地。

5. 合纵连横，借船出海（登陆）。中外战争历史，合纵连横的成功范例举不胜举。合纵乃为强强联合，连横亦为与周边小国或强国内的较强势力合作。在如今的中国经济高质量发展中，应与我国大企业进行合纵，借船出海，占领国内区域市场、国外整体市场，使企业也能作为市场操盘手之一，控制市场局面，从而分得一杯羹，获得利益，得到发展。除合纵外，还应连横借船登陆，借的这个船不是大船，而是舢板，众所周知，我们大船靠岸必须要有专用的码头，可是人家有的码头又不给你用，或给你用，但手续繁琐，耗费巨大，在此情况下，我们可以与当地小企业合作借舢板登陆，占领市场，抢占商机，承接工程，发展企业。

6. 积聚实力，全面进攻。当建筑企业通过更改观念，统一思想，集聚人才，整合技术，把握重点，主动出击，先易后难，各个击破，合纵连横，借船出海等措施后，还要经过一个时期的历练，使企业羽毛丰满。舒适工程、健康工程、智慧工程有了样板，得到社会认可，受到用户青睐，生态恢复工程、环境保护工程大门已经打开，发达区域的建筑维护改造工程、建筑物业管理工程均以起航，这个时候，企业应进一步规范运作，分团分队集中发力，全面进攻登陆，占领九个市场，拿下九个阵地，夺取全面胜利，坐上国际建筑行业巨头、霸主座位。

7. 巩固阵地，持续发展。建筑企业经历重重磨砺，坐上了国际建筑业企业霸主宝座，或成为国际知名建筑企业头衔，或具有一定名气，这个时候，可能有的企业开始沾沾自喜，好像了不起，屁股飞到天上去了，说话节奏也变了，嗓门也高了，什么人也管不住了，这不好，这很危险，这是要吃亏的，是要吃大亏的。在我国经济高速度增长阶段，我所熟悉的一家企业老板及其有关员工，依靠原来国有企业改制为民营企业，一些人投机取巧，担当企业高层领导，企业也得到一定发展，自己赚了不少钱，有几个人眼睛长毛了，不认得人了，不可一世，但好景不长，昙花一现、很快灭亡。所以我们认为当企业达到规模时，或者已经成为国际建筑业界霸主，仍然必须戒骄戒躁，强化管理，明确责任，从严把守，巩固阵地、持续发展。

## 第四节　组团攻占

目前我国建筑市场空间开始萎缩，僧多粥少局面开始显现，中共十九大上习近平同志提出了要以"一带一路"为重点，坚持国内建设和走出去并重。国务院办公厅印发了《关于促进建筑业持续健康发展的意见》，提出了"加快建筑企业走出去"的要求，为建筑企业高质量发展，找到了发展之路。建筑企业如何走出去？

1. 集聚优势：我国不管大中小何种类别企业，同时存在不同特点的优势与劣势，要使建筑业持续健康发展，只有走集聚优势之路，从我国建筑业整体情况来看，我国建筑从业人员5000多万人，拥有各类注册师人员100万人以上，各类高级职称人员达50万人以上，各类高级技工人员800万人以上。从全国来说，我国建筑业从业人员及技术技能人才队伍居国际首位。摩天大楼、地下城市、高速铁道、海底工程、超长隧道工程、跨海工程等高难度项目众多，许多出自我国建筑工匠之手，这标志着我国建筑业科技水平、技术能力已达到国际领先水平。我国建筑经济是国家的支柱产业，建筑企业经济基础优于其他行业，经济基础强。我国建筑业无论人才、技术、经济均居国际领先地位，全国建筑业优势很多，但在国际建筑市场份额很少。从有关资料获悉，我国建筑外经收入2015年仅为1540亿美元，境外建筑从业人员仅为53万人，为什么？主要优势没有集聚，所以应进行优势集聚。建筑业发达的江苏、浙江可以县（市）进行统一集聚，一般性区域以省（市、区）集聚，集聚人才、技术、经济等优势，当然也可以实施跨区域集聚，构建建筑企业联合舰队。

2. 企业合纵：将我国不同规模层次企业中的各专业性企业进行合纵，形成综合性企业，提升企业综合实力。目前我国现行企业90%以上为专业性企业，设计、勘察、监理、咨询、构件制造、研发均与施工企业分离，形成不了拳头，并相互排斥，削弱企业力量，导致企业不能走出去，使之窝里斗，所以我们提出可采用并购合纵方式进行优势整合。

3. 企业连横：由我国企业与国际企业同质或差异性合作联合，建立跨国公司，并可采用并购或合资控股等多种形式进行联合，亦可独立采用项目合作法进行联合连横，做强企业，使建筑企业走出去。

综上所述：集聚优势、合纵连横基本模式是由我国以某一企业为轴心，在国内合纵相关建筑行业上下游不同质而相等企业合纵，并与国际上同质或差异性企业，采用并购、合资、控股等多种形式进行连横，亦可以在工程项目上进行合纵连横。

## 第五节　组团步骤

我国建筑企业能可持续性健康发展，需要走出去。能促进建筑企业走出去，主要途径为集聚优势，合纵连横。而建筑企业集聚优势，合纵连横，将具有提高国际竞争力、国际项目效益、国际地位的重要作用。

1. 统一思想，提高认识：思想是决定行为方向，企业及社会应充分认识当前建筑企业面临的形势及集聚优势合纵连横的重要作用，并通过会议、交流、研讨等形式统一思想，提高认识。

2. 选择合纵企业：进行企业信誉性调查，通过调查选择不同专业资质等级相配的，社会信誉好的各专业企业，作为合纵对象企业。

3. 合纵企业谈判：组织合纵对象企业进行谈判，通过谈判确定合纵联合方式。

4. 合纵企业评估：对合纵企业包括主体企业，从而企业统一由评估公司进行评估。

5. 签订合作协议：明确各方责任义务权利。

6. 组建集团公司：设置集团公司名称，构建企业机构，配置人员，实行统一对外经营。

7. 进行国际考察：了解国际市场、状况，国际建筑惯例、标准法规等。

8. 选择连横企业：应选信誉好，同质同等企业作为连横合作对象企业或合作项目连横对象企业。

9. 连横企业谈判：谈判合作方法、合作期限、双方责权利等具体事项。

10. 连横企业评估：由国际评估公司统一进行评估。

11. 签订连横合同：明确各方责任义务。

12. 建立跨国公司：按照国际现代企业管理模式建立公司机

构，调整公司管理制度。

13. 进行国际经营：按照国际化经营模式，实施国际化经营。

## 第六节　组团方法

1. 推行建筑企业合纵连横成功经验：在我国现阶段已有企业步入合纵连横之路，并取得成功经验，中国建筑工程总公司和国内多家企业已包括研发、设计、咨询联合，形成了系统集成产业优势，并与国外多家企业亦有联合，在国际建筑市场上具有较强竞争力。应通过交流、论坛等形式进行推行合纵连横的做法。

2. 举办建筑企业合纵连横培训：国家相关协会应举办企业负责人及相关专业人员进行合纵连横流程重点、谈判技巧等基本知识培训及国际市场规则、标准、规范、风俗习俗等培训，并将企业负责人及相关人员的培训列入考核企业的刚性指标。

3. 组织建筑企业法人代表进行国际市场考察：建设行政管理部门或行业协会应分期分批组织建筑企业法人代表分别到不同层次国家考察建筑市场、建筑工程项目、建筑风格，了解把握建筑企业合纵连横的重要性，推动建筑企业走出去。

4. 建立国际建筑企业联合组织：可由中国建筑业相关协会牵头建立国际性建筑企业联合同盟会，并制定章程，定期进行技术管理交流，帮助企业合纵连横。

5. 鼓励扶持企业合纵连横：建设行政管理部门，制定政策措施，鼓励企业走出去，并开通绿色通道，对企业给予税收政策上优惠，帮助企业解决合纵连横中的问题及人才支持，提供合纵连横平台，推动企业走出去。

## 第七节　市场环境

1. 建筑市场环境现状：近年来国家制定了不少政策措施，实施了建筑市场的专项整顿，使总体市场环境优化，具体表现在以下几个方面。

（1）市场行为趋于规范，一般建设工程项目基本上通过透明的公开招标、投标、评标、中标过程，具体环节均有比较明确细则执行。

（2）串标转包行为趋于减少：目前我国通过招投标市场行为开展的工程建设项目，基本上很少有串标、转包现象行为。

（3）区域封锁基本打破：目前我国各省市县在建筑市场领域工程项目招标基本无区域性限制，基本上面向全国市场，并在公共平台上发布招标信息公告。

（4）履约承包制度基本建立：一般建设工程合同履约均采用银行保函担保，担保公司保函担保，担保率达到 90% 以上。

（5）价款拖欠明显减少，目前全国工程价款结算比较及时，拖欠现象明显减少，年内结算率达到 80% 以上。目前全国建筑市场环境良好，促进了我国建筑业持续健康发展。

2. 建筑市场环境问题：尽管国家制定了一系列政策措施，使建筑市场环境趋于优化，但仍存在较多的制约建筑业持续健康发展因素，其制约因素在以下几方面。

（1）市场壁垒仍然存在：目前我国建筑企业进入异地市场仍须到当地行政主管部门登记注册，须提供大量资料，特别还需各省市县（市、区）层层审核批准，并须在当地工商部门登记，前后需要盖多个印章，使之制约了建筑业持续健康发展。

（2）市场合同尚有缺项：目前我国建筑市场合同均使用住房城乡建设部制作的格式合同，其格式合同中仅明确了建筑企业违约处罚事项，而缺乏建设单位违约处罚事项，这对保障建筑企业合法利益带来极大的障碍。

（3）市场过度竞争趋势强：目前我国建筑高潮已经下降，僧多粥少局面已经显现，市场过度竞争已经上演，压价现象相当严重，严重影响了建筑业持续健康发展。

（4）市场门槛，高低不均：目前我国现有市场门槛，重视了企业资质门槛，忽视了企业品牌门槛，忽让了企业人才门槛，忽视了企业技术成果门槛，从而影响了建筑业持续健康发展。

## 第八节　市场优化

1.建筑市场优化原则：坚持促进建筑业持续健康发展的原则；坚持推进建筑产业现代化原则；坚持推动建筑科技进步原则；坚持公平、透明、简化原则。

（1）坚持促进建筑业持续健康发展原则，这是优化建筑市场环境的基本原则，其市场优化应有利于整个产业发展，推进做大做强，通过市场优化，淘汰弱小企业、落后企业。

（2）坚持推进建筑产业化原则是优化建筑市场环境的根本原则，国务院办公厅印发的《关于促进建筑业持续健康发展的意见》中提出推进建筑产业现代化要求，所以在市场优化中注重偏向推进建筑产业现代化企业承担工程，淘汰建设工程周期长、劳动密集、耗能大、耗材多、质量低的建筑企业。

（3）坚持推进建筑科技进步原则，这是优化建筑市场环境关键原则，通过优化手段，淘汰落后技术；提高新技术、新机械、新材料应用份额。

（4）坚持公平、透明、简化原则，这是优化建筑市场环境的本质性原则，公平是社会主义市场经济竞争基本原则，透明是市场经济竞争主体的追求，简化是建筑业界人士的迫切希望与理想，符合市场经济规律，符合主体的要求。

2.建筑市场优化项目：主要是市场准入优化、市场合同优化、市场监管优化、市场行为优化、市场主体优化、市场价格优化等五个方面。

（1）市场准入优化：应修改相关现行中的企业资质等级门槛，设置企业经济实力门槛、企业信用门槛、企业人才门槛、企业技术门槛、企业品牌门槛，按照经济、信用、人才、技术、品牌门槛要求，制定企业招标投标实施办法和实施细则。

（2）市场合同优化：应取消各类保证金制度，实施担保制度，明确建设单位、施工单位的权利及违约责任，按照担保制度追究违约责任。

（3）市场监管优化：设置建设工程公共市场管理平台与监管机构实行市场统一的价格监管、合同履约监管、市场行为监管等，并制定《建筑市场管理办法》。

（4）市场行为优化：应取消纸质招投标方式，实行网上招标、网上远程评标方式。另外投标文件重点进行造价编制、技术安全编制、组织机构及人才情况编制三个主要方面。制定工程项目建设招标、投标、评标、开标管理办法。

（5）市场主体优化：逐步取消专业或分项工程招投标。主要针对工程项目总体与系统技术服务实行招投标。逐步取消民间投资建设工程项目进入公共资源交易中心进行招投标，逐步实行民间投资建设工程项目实行自主性招投标或邀标选择，建筑施工企业实行自主化市场运行行为，制定《工程建设招投标范围规定》。

（6）市场价格优化：取消最低价格中标方法，工程建设造价幅度平均性价格标准中标。制定《工程建设指导价标准》。

## 第九节　优化举措

1. 建筑市场优化举措：建筑市场管理是我国社会主义市场经济管理中的一个重要组成部分，直接关系市场经济秩序与建筑经济可持续发展的关键问题，优化建筑市场应从建设统一公正高效的公共监管机构入手；从建设统一开放透明公共资源平台着力；从建设统一完善配套的公共政策体系使劲；从建设规范明晰公共监管程序设置，优化建筑市场环境。

（1）建设统一公正高效的公共监管机构：由住房城乡建设部牵头，建设全国统一的公正高效公正监管机构，这个机构应直属于住房城乡建设部，各地方建立国家公正监管机构的派驻机构，人、财、权均由住房城乡建设部公共监管机构统一调度与配置，代表国家行使公共资源市场监管。

（2）建设统一开放透明公共资源平台，采用互联网设置国家公共资源平台，这个平台向全国开放，属于国家政府投资项目，其招标、投标、开标均通过公共资源平台进行。

（3）建设统一完善配套的公共政策体系：凡涉及公共资源管理监督的政策细则、条例、办法应统一由住房城乡建设部制定颁布，地方建设行政主管部门不得另行制定相关政策。

（4）建设统一规范明晰监管程序：包括公共资源项目招标程序、投标程序、评价程序、中标程序、开标程序，等等，将公共资源项目列入规范化管理程序。

2. 建筑市场优化步骤：建筑市场环境优化，这在我国市场经济竞争中是一个新课题，也是社会主义市场发展到一定阶段必须进行重新定位思考的课题，是涉及面很广的课题。所以我们统筹策划，科学安排构划、优化建筑市场环境方案。而建筑市场环境优化主要步骤应为调查考察、思考研究、策划方案、制定政策、组建机构、建设平台、全面实施等步骤。

（1）调查考察：住房城乡建设部应组织市场管理专家团队，分赴全国各地，调查考察全国工程建设市场管理情况，掌握第一手资料。

（2）思考研究：根据调查考察情况，认真思考我国现阶段工程建设市场管理成功经验及管理中问题与研究解决问题的对策。

（3）策划方案：根据所研究解决当前我国建筑工程项目市场管理问题对策，策划优化建筑市场环境的整体方案。

（4）制定政策：根据优化建筑市场环境整体方案、要求、制定相关配套政策。

（5）组建机构：根据优化建筑市场环境整体策划要求，当政策制定配套到位，组建国家工程建设市场监管机构，定员配置派驻地方各级工程建设市场监管机构。

（6）建设平台：根据优化建筑市场环境整体策划方案、机构设置到位后，建设全国统一的招标、投标、评价、中标、开标公共资源市场管理与交易平台。

（7）全面实施：当机构到位政策到位、平台到位，全国实施规范化市场监督管理程序。

综上所述：优化建筑市场环境是一个刻不容缓的系统工程，要上下一致，齐心协力，为优化建筑市场环境，促进建筑业持续健康发展而努力奋斗！

# 第十三章　建筑企业高质量
# 发展基本风险

　　建筑企业高质量发展要求我国建筑施工管理应迈入风险预控高度周密化，保证风险损失极端低微化管理轨道，所以我们应努力研究建筑施工风险管理，构划建筑施工风险预控高度周密化方案，确保风险损失极端低微化目标。

　　研究与探讨建筑施工风险管理，构划建筑施工风险预控高度周密化方案，首要问题应充分认识其重要意义，明晰风险管理的基本内涵，把握目前我国建筑企业施工过程主要风险问题，策划建筑施工过程风险方案，制定建筑施工过程风险管理策划，并对所策划设计的建筑施工风险管理进行实践应用及方案特点的归纳，形成建筑施工风险管理理论体系，为我国建筑企业高质量发展发挥重大作用。

## 第一节　预控作用

　　研究建筑施工风险管理具有贯彻落实中共十九大会议精神，提升建筑产品质量，保障社会和谐，保持企业可持续发展重要现实意义及长远历史意义。

　　1.具有贯彻落实中共十九大会议精神的重要意义，中共十九大报告中明确提出："我国经济已由高速增长阶段转向高质量发展阶段。"研究建筑施工风险管理正是围绕高质量发展需要，实施区域协调发展战略，加快完善社会主义市场体制需要。所以研究建筑施工风险管理具有贯彻落实中共十九大会议精神的重要意义。

2. 具有提升建筑产品质量的重要意义：研究建筑施工风险管理，其中以建筑施工质量风险预控管理为核心，必然形成系统性质量风险预控体系，通过质量风险预控体系实施，必然提升建筑施工质量，所以研究建筑施工风险管理，具有提升建筑施工质量的重要意义。

3. 具有保障社会和谐的重要意义：研究建筑施工风险管理，其中以防范安全风险为重点，通过建筑施工风险管理研究，必然形成系统性安全防范体系。通过系统性安全防范体系应用，必然提升建筑施工安全度，减少安全事故的发生。其建筑施工安全事故是引发社会矛盾的主要根源，我国建筑业历史上多起事故，引发群访事件及社会较大规模斗殴事件发生，所以研究建筑施工风险管理，具有保障社会和谐的重要意义。

4. 具有保持企业可持续发展的重要意义：建筑施工过程质量风险、安全风险、自然环境风险、财务风险、材料价格变化风险，无不与企业经济发生关系，造成经济损失。研究建筑施工风险管理目的就是构建风险防范体系，减少风险发生，所以建筑施工风险管理研究，具有保持企业可持续发展的重要意义。

## 第二节　风险内涵

建筑施工风险管理基本内涵，包括总体管理基本内涵，基本管理研究内涵，风险项目管理内涵，风险要素管理内涵，风险等级管理内涵，风险层次管理内涵等六个方面。

1. 风险管理基本内涵，是特指每项具体工程项目采用了风险防范措施及过程应用，应用效应考评等为建筑施工风险管理的基本内涵。在这个基本内涵之中包括一般性风险管理、特殊性风险管理。所谓一般性风险管理是指一般性工程项目的风险预控所制定的风险预控方案，具有通用性；所谓特殊性风险管理是指特别结构、特别特征、特别环境、特殊要求项目风险预控所制定的风险预控方案，具有特殊性。

2. 风险管理研究内涵：是特指对建筑施工全过程、全方位风险预控措施的策划，预控措施应用方法，预控措施到位的落实，预控措施应用过程监督及预控指标的设定，预控措施应用效果分析的研究为风险管理研究。

3. 风险管理项目内涵：特别每一项目类别的风险管理，按房建工程项目风险预控管理、市政工程项目风险预控管理，道路桥梁建设项目风险预控管理，河道水利工程风险预控管理，电力工程建设项目风险预控管理，等等，以工程项目属性为主体风险预控管理。

4. 风险要素管理内涵：以项目施工过程确定的风险要素预控管理，包括安全质量、经济、材料、政策、自然、环境、人员等要素风险预控管理。

5. 风险等级管理内涵：在建筑工程项目施工过程中，按照项目特点及建设单位要求，企业自身发展要求，设定相应级别的风险预控等级，按照不同等级配置不同预控措施为风险等级预控管理。

6. 风险层次管理内涵：建筑施工风险层次预控管理是按照建筑施工过程设置的风险预控方案，以房屋建筑为例，可设置地基基础阶段、主体施工阶段、屋面阶段、水电智能系统安装阶段、装饰装潢阶段等。根据房屋建筑为例设置的建筑施工风险层次为例，我们演化为一种通用性建筑层次预控，即基础风险预控、主体风险预控、细部风险预控、竣工风险预控等。

# 第三节　风险项目

建筑工程施工是一项系统性工程，不管何种类别规模工程均存在风险，通过多项多施工过程的实践，其主要风险是建筑工程施工质量风险、建筑施工安全风险、建筑施工气候环境风险、建筑施工经济风险等四个方面的主要要素风险。

1. 建筑施工质量风险：在建筑施工全过程及各环节各部位均存在质量风险问题，大风险可导致建筑体报废，小风险成为先天性质量缺陷，终身影响使用质量、使用效果。其质量风险与施工人员、施工机械、施工环境、施工材料等几个方面有直接关系。施工人员技术不熟练、施工程序不规范、施工材料配置不科学不合理等均可造成施工质量风险问题；施工机械开启不灵、机械老化、安装不到位、安装不规范等均可造成施工质量风险；施工环境变化、极端性高温、极端性低温等均会造成建筑施工质量风险等；施工材料不合格或材料保管中发生变质，造成建筑施工质量风险。

2. 建筑施工安全风险：建筑施工安全风险是建筑工程项目施工过程中的重要风险因素。建筑施工安全风险发展具有突出性、随时性、不确定性特点。但建筑工程项目施工过程其安全风险发生与人、机、料、环有着密切的关系。人由于身体突然变化或操作过程分心均可发生安全风险。机包括机械、电力设施，存在构造问题、安装问题、保护问题及其机电设备操作人操作问题造成安全风险。建筑材料本质质量及其配置使用造成安全风险。

3. 建筑施工气候环境风险：该风险所造成的风险包括建筑质量、建筑施工安全及机械设备和建筑物的破坏。

4. 建筑施工经济风险：其建筑施工过程经济风险包括直接性经济风险与间接性经济风险两个方面。直接性经济风险是由物资材料机械设备采购过程，经济失控及政策变化造成的经济损失。间接性经济损失，是由安全风险、质量风险、环境风险造成的间接性经济损失风险。

## 第四节　预控策划

建筑工程项目施工过程风险预控策划是建筑工程项目施工过程风险预控的基础，也是建筑企业高质量发展的重要举措，同时是建筑工程项目施工高质量的目标实现的重要途径。其建筑工程项目施工过程风险策划作用非凡，且建筑工程项目施工过程风险预控策划是建筑施工企业施工过程中新课题，也是一项系统性工程。建筑工程项目施工过程风险预控策划，应首先明晰建筑工程项目施工过程风险预控策划定义；把握建筑工程项目施工过程风险预控基本要素；确立建筑工程项目施工过程风险预控目标；编制建筑工程项目施工过程风险预控方案；落实建筑工程项目施工过程风险预案措施，确保建筑工程项目施工过程风险预控方案的可行性。

1. 明晰建筑工程项目施工过程风险预控策划定义：建筑工程项目施工过程风险预控策划，对象是针对建筑工程项目。其业态是针对建筑工程项目施工全过程。建筑工程项目施工过程风险预控策划，就是要对每一个工程项目施工过程按照风险预控目标策划一个比较完善的风险预控方案。

2. 把握建筑工程项目施工过程风险预控要素：建筑工程项目施工过程风险预控策划，其基础应把握风险预控要素。策划建筑工程项目施工过程风险预控应在明晰建筑工程项目施工过程风险预控策划定义基础上，了解熟悉建筑工程项目施工图纸结构，包括基本结构、规模、技术要求等，把握建筑工程项目周边及地质状况特点，根据施工组织设计方案，编制各专项技术风险预控方案、专项材料风险预控方案、专项机械使用风险预控方案；了解熟悉建筑工程项目施工过程政策变化，特别建筑材料、人员工资福利的政策变化，编制政策变化风险专项预案，形成整体性建筑工程项目施工风险预控基础资料。

3. 确定建筑工程项目施工过程风险控制目标：首先我们应按照所掌握的具体拟定建筑工程项目涉及风险预控的相关基础资料，拟定风险预控目标，建筑工程项目风险预控项目为安全风险、质量风险、经济风险三大风险，所以应确定三大风险预控目标。

4. 制定建筑工程项目风险控制措施：建筑工程项目风险预控措施制定应根据施工图、国家现行标准及所拟定的风险预控目标，并围绕建筑工程项目施工过程的安全风险预控、质量风险预控、经济风险预控三个方面来完成。

5. 编制建筑工程项目风险预控方案：编制建筑工程项目风险预控方案纲目，通常性纲目为工程项目概况、建筑材料清单、建筑机械设备清单、风险控制目标、建筑施工预算、建筑施工质量风险预控、建筑施工安全风险预控、建筑施工经济风险预控及附录等。按照编制纲目完善系统性风险预控体系。

## 第五节　管理策划

建筑施工过程风险管理策划是针对建筑施工过程风险预控策划措施实施管理到位过程，达到建筑施工过程风险预案措施的目的，也是达到建筑施工过程风险预控措施的本质性措施。其建筑施工过程风险管理策划常规管理措施在于人为性管理、智能性管理、技术性管理、经济性管理、制度性管理等五个管理策划。

1. 人为性管理策划：针对建筑工程施工过程风险方案，制定人为性管理策划，应建立人为性质量风险管理组织机构，建立人为性安全风险管理机构，建立人为性经济风险管理机构，工程项目应建立工程项目风险管理领导小组，并由项目经理担任组长，同时设立建筑工程项目专职安全风险管理员、质量风险管理员、经济风险管理员，各班组设置相关专职管理员，形成系统性人为性管理机构。

2. 智能性管理策划：工程项目应设置互联网＋计算机＋风险管理要素（安全、质量、经济）软件，并在施工现场安装摄像头、报警器，通过互联网、计算机系统获取施工现场第一手资料，并通过计算机进行自动比对现场进行发布警报或自动关闭设施，停止施工。

3. 技术性管理策划：工程项目应策划建筑工程项目施工质量检测检验技术标准、建筑工程项目安全检测检验技术标准、建筑工程项目经济运行程序及监督使用技术标准等三大标准体系。其技术管理标准制定应按照国家行业标准与风险指标及风险预控措施制定，并应具体，可操作，构成系统技术性风险管理体系。

4.经济性管理策划：工程项目需应用经济手段控制质量、安全、经济风险预控指标，对每个人为性行为的每个环节设置经济奖励与处罚明细，且制定建筑工程项目风险预控奖励处罚明细表，实施经济管理。

5.制度性管理策划：针对建筑工程项目施工过程中的安全、质量、经济风险预控措施，策划管理制度，制定建筑工程项目施工安全风险预控过程管理制度，包括建筑工程项目施工外部安全预控制度，建筑工程项目施工安全设施检验制度，建筑项目施工机电设备使用与操作安全检验制度，建筑项目施工安全救援预案措施检验制度，制定建筑工程项目施工质量检验制度，包括建筑材料检验制度，建筑工艺检验制度，建筑机电安装质量检验制度。制定材料采购管理制度，制定设备采购制度，制定财务管理制度，制定资金管理制度等，形成系统管理制度体系。

## 第六节　预案编制

我们的建筑施工风险管理研究成果在内蒙古自治区赤峰市新城幼儿园工程项目施工风险管理中实践。

1.工程项目基本情况。

该项目建筑面积为 $6750m^2$，总投资额约 3500 万元，工程项目地点为内蒙古自治区赤峰市红山区，该工程最高建筑为 3 层，共 5 栋，由内蒙古自治区北方设计有限公司设计，由内蒙古润得建筑工程有限公司承建施工，于 2015 年 6 月 2 日施工，于 2016 年 4 月 26 日竣工。该工程周边为电视塔，气象台观察站，同时通过地质勘查为岩石性土质，其基本气候为寒带区域，冬季气候最低气温为零下 22℃以下，夏季最高温度为 30℃以上，冬季最大风力为 7 级，该区域历史上未发生 3 级以上地震。

2.工程项目使用材料（见工程项目使用材料清单；此处略）。

3.工程项目使用设备（见工程项目使用设备清单；此处略）。

4.建筑施工风险控制指标。

建筑施工风险控制指标表

| 序号 | 风险项目 | 子项目名称 | 风险指标名称 | 技术要求 |
|------|---------|-----------|------------|---------|
|      |         |           |            |         |
|      |         |           |            |         |
|      |         |           |            |         |
|      |         |           |            |         |

按照上表分别填写建筑施工安全风险、建筑施工质量风险、建筑经济风险，其中建筑施工安全风险、建筑施工质量风险应分别依据我国现行建筑施工安全技术规范标准项目进行填写，亦可增加项目，建筑施工质量验收规范标准进行填写，亦可增加项目；建筑施工经济风险按照实际进行填写。

5. 建筑工程项目预算（见建筑工程预算表，此处略）。

6. 建筑施工质量风险预控：分别阐述建筑施工质量预控工艺流程及各预控措施，可根据施工组织设计进行阐述。

7. 建筑施工安全风险预控：分别阐述建筑施工安全预控工艺流程及各预控措施。可根据施工组织设计进行阐述。

8. 建筑施工经济风险预控：分别阐述建筑施工风险预控步骤与预控举措。

附录：建筑施工图、地质勘查报告、周边环境报告、气候气象报告（此处略）。

## 第七节　预控实践

我们根据新城幼儿园项目施工风险预控策划方案及其预控要点进行本项目施工过程风险预控实践。我们的预控风险举措，主要是进行风险预控系统培训，安装风险预控设施，按照风险预控规范施工等三个方面。

1. 风险预控系统培训：按照建筑项目安全质量经济风险预控技术基本知识，包括建筑安全风险预控技术基本知识培训，建筑质量风险预控技术基本知识培训，建筑经济风险预控技术基本知识培训，通过培训后进行考试考核。通过系统系列培训、考试考核合格方可上岗。另外建筑工程施工过程中每日岗前、每道工序工艺前均应进行培训及技术交底，确保风险预控思想意识措施到位。

2. 安装风险预控设施：按照建筑项目安全质量经济风险预控技术方案，在建筑工程项目施工过程中首先在建筑工程项目施工场地周围设置安全质量经济风险预控警示牌。设置建筑施工安全质量经济风险预控监控设施，并采用计算机、互联网、摄像机等实施全程监控，配置建筑施工安全质量经济风险预控应急设施，包括救护车、救护药品等。安装建筑施工安全质量经济风险预控保护设施，包括安全栏、安全脚手架等，使建筑施工过程风险预控设施到位。

3. 实施风险预控规范：按照建筑施工过程安全质量检验规范，实施建筑机械质量安全检验，实施建筑脚手架安装质量安全检验，实施建筑材料安全质量检验，实施建筑施工工艺质量安全检验等。

根据该项目实施建筑施工风险管理研究与实践，具有明显的安全效果、质量效果、经济效果等。

通过建筑施工风险管理研究与实践能够很好提高安全效果，实践证明，能提高安全风险预控率 10%，可达到 98% 以上。能够提高质量风险预控率 15%，可达到质量合格率 100%。项目经济风险预控率达 98% 以上，保证正常经济运行。

# 第十四章　建筑企业高质量
发展基本文化

　　我国正处在经济由高速度增长阶段向高质量发展阶段转换增长动力关键期，围绕我国经济发展问题基本定位，我国建筑企业如何转换增长动力，适应建筑企业高质量发展需求，这是需要研究的根本问题。

　　我们通过学习中共十九大报告精神，深刻领悟到建筑企业高质量发展需要研究的问题，是发展文化的转变。

　　习近平同志在中共十九大报告中指出："文化是一个国家、一个民族的灵魂。文化兴国运兴，文化强民族强，没有高度的文化自信，没有文化的繁荣兴盛，就没有中华民族伟大复兴。"习近平同志的这段讲话精神告诉我们，文化上至一个国家，下至每一个社会具体人，是一个灵魂，没有灵魂的国家民族或具体人必然会迷失方向，必然不能有任何前进方向的发展，建筑企业高质量发展离不开文化。当然高速度增长阶段支撑的基础文化与高质量发展阶段的支撑的基础文化必然有所不同。

　　因为文化是决定前进发展的方向，高速度经济增长阶段与高质量发展方向不同，所以文化不同，建筑企业高质量发展首要问题是发展文化的转变。

　　如何转变发展文化，中共十九大报告提出，"发展中国特色社会主义文化，就是以马克思主义为指导，坚守中华文化立场，立足当代中国现实，结合当今时代条件，发展面向现代化、面向世界、面向未来的，民族的科学的大众社会主义文化……"这是习近平同志在中共十九大报告中给中国文化发展指明了方向，也就对建筑企业高质量发展文化转变指明了方向，我们认为建筑企业高质量发展文化着力于动力文化转变、人才文化转变、管理文化转变、经营文化转变、市场文化转变、质量文化转变、安全文化转变、效益文化转变等八个文化的转变。

# 第一节 动力文化

动力文化是企业发展以什么为第一要素、为发展的推动力的一种意识。建筑企业高速度发展中，人们的一种观点认为发展动力第一要素为企业老板的意识，时有我国新闻媒体宣传某某老板救了企业，发展了企业云云。也就是人们世界观是英雄创建了历史的动力文化，这种文化不符合新时代中国特色社会主义思想基本特征，不符合马克思主义思想。

英雄创造历史的动力文化不符合新时代中国特色社会主义特征的文化。共产党的领导是中国特色社会主义最本质的特征，这是党的十八届四中全会通过的《全面推进依法治国若干问题规定》中表明的。习近平同志在中共十九大报告中强调指出坚持党对一切工作的领导，党政军民学，东西南北中，党是领导一切的。所以说，英雄创造历史的动力文化不符合新时代中国特色社会主义本质特征，不符合马克思主义的基本理论精神。马克思主义的基本理论精神在《资本论》中阐述过："人们劳动力的提高使生产力得到发展，进而促进整个社会发展。"马克思的这个基本观点的阐述说明，英雄创造是历史的动力文化，不符合马克思主义思想。英雄创造历史的动力文化不符合中国新时代的基本要求。习近平同志在中共十九大报告中提出："坚持以人民为中心。人民是历史的创造者，是决定党和国家前途命运的根本力量。"由此说明，新时代中国特色社会主义思想基本要求不是英雄创造历史的动力文化，而是在中国共产党领导下的中国人民创造历史的动力文化，当然建筑企业高质量发展阶段是增长动力关键期，其动力文化应为中国共产党领导下的企业全员力量的动力文化。

要从老板英雄动力文化转变为企业全员动力文化，也就是在建筑企业高质量发展中，从依靠企业老板英雄模式发展动力意识转换到依靠企业全员发展的动力意识的文化发展轨道上来。这个意识文化是思想的转变，也不是轻而易举地能够根本性转变，因为英雄创造历史的动力文化观念在中国长期的封建制度统治下，还是根深蒂固的，要使建筑企业高质量发展中的动力文化转换必须进一步组织企业全员学习贯彻中共十九大精神，深刻理解中共十九大精神，理解建筑企业高质量发展的动力文化的发展方向与动力文化落脚点，经过全员性思想观念的更新，转换动力文化。要转换建筑企业高质量发展动力文化必须进一步强化党的领导，深化改革企业现有管理制度，在企业管理制度中突出党的领导地位，从组织领导上促进建筑企业高质量发展动力文化转换。要使建筑企业高质量发展动力文化转换必须进一步强化民主集中制度建设，构建民主集中制度管理体系，实施民主集中管理力量，从管理制度保证建筑企业高质量发展动力文化的转换。

## 第二节　人才文化

什么是人才，人才始终是经济发展本质要素，建筑企业高质量发展仍然离不开人才。高速度经济增长阶段中，社会性普遍认为从事管理经营的人与从事工程设计、预算、安全质量监管的人为人才。因为这种人才文化理论为岗位性人才观念，在建筑企业高质量发展中的定位是不准确的，不符合科学性要求，不符合大众性要求，不符合发展性要求等三个方面。

按照科学性、大众性、发展性三个基本要求，我国高速经济增长阶段的岗位性人才文化意识是符合高速度发展需求的，不符合建筑企业高质量发展文化需求的，我们应从岗位性人才文化意识转换为社会普遍性认为具有高尚思想品德，同时具有独立思考解决问题的能力性人才的文化意识。

要从高速经济增长阶段岗位性人才文化理念根本上转变为符合建筑企业高质量发展的能力性人才文化理念，并非一朝一夕,一蹴而成的。要从岗位性人才文化意识转换成能力性人才文化意识,需要深刻理解中共十九大报告精神,因为中共十九大报告中明确阐述了我国转变为经济高质量发展中关于人才的本质性定位,通过反复学习,深刻领会精神,需要企业内部分配方法转变,从而转换人才文化意识。需要弘扬工匠精神,中共十九大报告中提出:"建设知识型、技能型、创新型劳动者大军,弘扬劳模精神和工匠精神,营造劳动光荣的社会风尚和精益求精的敬业风气。"习近平同志在中共十九大报告中这段讲话精神,不仅表明了建筑企业高质量发展需要,同时提升操作层劳动者地位,通过弘扬工匠精神,推动建筑企业高质量发展中岗位性人才文化意识转变为能力性人才文化意识。

## 第三节　管理文化

人们对每一单位或企业及每一项具体事情应采用何种方法认识,为管理文化意识。管理文化意识的不同,其管理行为方法不同,其管理结果不同。通常管理目标要求不同,某种意义上讲,相应的管理文化意识不同。建筑企业管理文化意识是指我国建筑行业普遍性认为的针对每个具体企业进行管理的一种意识。我国自改革开放以来,通过多年的管理实践,逐步形成了每一家企业特色的管理文化,建立了高速经济增长需求的管理文化,但我国目前已由经济高速增长阶段转向高质量发展阶段,相应建筑企业应进行管理文化转变。

建筑企业经济高速增长期共性管理文化理念特征以企业老板人为性为主体的被动共性管理文化意识,这种管理文化意识以强化组织管理体系为主体实施管理,推动了建筑企业高速增长,但这种建筑企业经济高速增长期的被动共性管理文化意识,不符合新时代中国特色社会主义思想基本特征、基本要求;不符合中共十九大精神的基本要求;不符合建筑企业高质量发展本质性要求。

建筑企业经济高速增长期的被动共性管理文化意识不符合

新时代中国特色社会主义思想基本特征要求，习近平同志在中共十九大报告中论述新时代中国特色社会主义思想精神实质中讲道："构建系统完备、科学规范、运行有效的制度体系，充分发挥我国社会主义制度优越性。"显然建筑企业经济高速增长期的被动性管理文化意识与新时代中国特色社会主义思想特征基本要求不相符，应加以转换。建筑企业经济高速增长期的被动共性管理文化意识不符合中共十九大精神的基本要求。中共十九大报告中强调了坚持党对一切工作的领导，坚持以人民为中心的精神实质。显然建筑企业经济高速增长期被动共性管理文化意识是以企业资本者为中心，以企业老板为中心，与中共十九大精神实质相左，必须进行转换。建筑企业经济高速增长期的被动共性管理文化意识，不符合建筑企业高质量发展本质基本要求，建筑企业高质量发展本质要求是"质量第一，效益优先"，这是习近平同志在中共十九大报告中关于高质量发展的定位。而建筑企业经济高速增长期的被动共性管理文化意识本质是经济效益第一，与建筑企业高质量发展本质不符，必须进行转换。

根据建筑企业经济高速增长期的被动共性管理文化意识与现代建筑企业高质量发展的不同性的客观现实和新时代中国特色社会主义思想特征基本要求，中共十九大精神的基本要求，建筑企业高质量发展本质性基本要求，应将建筑企业经济高速增长期的被动共性管理文化意识转换至符合现代建筑企业高质量发展路线上来，转换为主动共性管理文化意识上来。主动共性管理文化意识特征是以企业全员为主体的主动性管理文化意识。

要从建筑企业高速经济增长期的被动共性管理文化意识根本上转换为符合建筑企业高质量发展的主动共性管理文化意识上来，仍需一定的时间。新中国成立以来，受到长期计划经济思想束缚与改革开放 40 年的高速经济增长环境影响，以及艰辛的管理文化探索，基本找到了一个管理文化发展之路，现在要转换管理文化发展意识，这必然使一部分人或大部分人暂时无法理解与接受，这是一个现实问题。但高质量发展的序幕已经拉开，我们不得不从建筑企业高速经济增长期的被动共性管理文化意识中转换成符合建筑企业高质量发展的主动共性管理文化意识思想。要从建筑企业高速经济增长期的被动共性管理文化意识转换为符合建筑企业高质量发展的主动共性管理文化意识上来，必须解放思想，更新观念，把握新时代中国特色社会主义思想的基本特征，必须大胆探索，努力创新，理解中共十九大会议精神；必须集中力量、精心策划，建设现代企业管理制度体系。必须解放思想，特别是企业高级管理层要解放思想，要充分认识我国社会制度决定着企业的基本性质，任何一个企业的发展离不开中国共产党的领导，离不开人民的创造，离不开党和国家方针政策的指导，所以我们认清新时代中国特色社会主义思想的本质特征，并通过宣传学习讨论新时代中国特色社会主义思想基本特征来解放思想，更新观念，同时通过强化党的领导，调整管理机制等措施解放思想，更新观念，转换管理文化意识；必须大胆探索，努力创新理解中共十九大会议精神，习近平同志在中国共产党第十九次全国代表大会上的报告，集中体现了新时代中国特色社会主义思想内涵，是我们一切工作的指导思想基础，一切工作发展的行动指向，目前不仅中国共产党人、中国人民将其作为思想宝典学习利用，世界上较多国家政党、社会组织也学习借鉴利用。中国建筑企业更应责无旁贷加以学习理解，并通过集体学习、个人学习、召开研讨会等多种形式学习理解中共十九大精神，依据中共十九大精神，探索创新中国建筑企业管理文化，转换管理文化意识。企业应采集多方力量，按照中共十九大精神，习近平新时代中国特色社会主义思想的基本性质及国家法律法规、行业标准建设现代企业管理体系，从制度体系转换管理文化意识。

## 第四节 经营文化

经营文化是指经济活动运行的一种方法。建筑企业高质量发展的经营文化意识，是人们对建筑行业高质量发展经营活动方法的认识。

我国自党的十一届三中全会以来，由计划经济转变为市场经济，逐步进入了高速经济增长期，我国建筑业企业在长期的经济高速增长期中，形成了我国建筑企业经济高速增长期经营文化意识。我国建筑企业经济高速增长期的经营文化意识部分是以经营社会关系为主体，寻求政府支持为根本的关系性经营文化意识。

建筑企业经济高速增长期的关系性经营文化意识不符合中共十九大会议精神，不符合中国特色社会主义市场经济体系，不符合高质量发展要求等三个方面。不符合中共十九大会议精神，中共十九大报告中明确提出"努力实现更高质量、更有效率、更加公平、更可持续的发展"。依靠关系是不能提高质量，无数安全问题均为关系所成。依靠关系使人们产生一种松散思想，长期之中无数事实说明了这个真理。不符合中国特色社会主义市场经济体系。"竞争公平有序，企业优胜劣汰"，这是中共十九大报告中给我国社会主义市场经济体制作出的基本定位，而我国建筑企业在经济高速增长期中的关系经营文化意识显然与我国社会主义市场经济体制相抵，有失公平有序，达不到企业优胜劣汰状态。不符合高质量发展要求。高质量发展要求是"质量第一，效率优先"，而建筑企业经济高速增长期经营文化意识突出了关系第一，削弱了质量第一地位，明显不符合高质量发展要求。

鉴于我国建筑企业高速增长经营文化意识不符合中共十九大精神，不符合社会主义市场经济体制，不符合我国建筑企业高质量发展本质要求，必须进行转换，确立新的经营文化意识。新的建筑企业经营文化意识确立以中共十九大精神为准则，以社会主义市场体制为依据，以建筑企业高质量发展要求为基础等三个基本点，按照三个基本点确立我国建筑企业高质量发展经营文化意识为实力性经营文化理念，形成比拼经济基础、技术团队实力、综合实力、市场信誉实力等要素的经营文化意识。

一种经营文化意识形成，并在长期中应用，这必然在人们头脑中根深蒂固，要在短时间从人们头脑中消除或转换还是要下猛药的，这剂猛药主要是进一步完善我国建设工程招标投标体系，进一步强化市场监管体系，进一步加大市场违规处罚力度等措施。住房城乡建设部及各级政府建设行政主管部门，要认真搞好调查，调整招投标中的人际关系。进一步强化市场监管力度，中共中央及地方各级党委政府纪检监察部门应对每一项工程的建设全过程进行监督检查，使关系门无法打开，进一步加大市场违规处罚力度，一旦发现串标、违法转包及关系承包工程项目，应在全国建筑工程市场监管平台上及相关新闻媒体曝光并责令退出建筑市场，同时给予经济上严惩，使之得不偿失。通过以上措施转换经营文化意识。

## 第五节　市场文化

市场文化意识是人们从意识形态上对经营市场的定位认识。我国建筑业企业经济高速增长阶段对所瞄准的市场产生的意识形态为建筑企业经济高速增长期的市场文化意识。在我国建筑企业高质量发展阶段所产生形成的市场意识为建筑企业高质量发展的市场文化意识。

建筑企业高速增长期的市场文化意识思路与中共十九大精神、中国建筑市场发展趋向的必然性及建筑企业高质量发展不相适应。中共十九大报告中提出实现乡村振兴战略，实现区域协调发展战略，实现健康中国战略，加大生态保护系统力度，坚持引进来与走出去并存等精神。以大中城市为市场主体的格局必须转变，因为在我国经济高速增长期中，大中城市、沿海城市、经济发达城市的工程建设项目日趋饱和，空间不大，如果建筑企业高质量发展仍然坚守经济高速增长期的市场文化意识，是不能高质量发展的，甚至是短命的。我们必须转换建筑市场文化意识。建筑企业高质量发展突出质量第一、效益优先这个基本原则。要能突出建筑企业高质量发展主题，首要问题市场应广阔，而建筑企业经济高速发展期中所产生形成的狭隘性市场文化意识思想，是一种封闭滞后的市场文化意识，从文化意识上阻碍了发展，与建筑企业高质量发展的基本要求不相一致，必须加以转换。

建筑企业经济高速度增长期所产生形成的狭隘性市场文化意识因为与中共十九大精神、中国建筑市场发展的必然性趋向及建筑企业高质量发展本质要求不相融合，必须进行转换，确立新的市场文化意识。新的市场文化意识确定的依据应以中共十九大会议精神为指导，应以建筑工程项目市场发展趋向为根本，以企业经济高质量发展要求为基础确定一种开阔性市场文化意识，所谓开阔性市场文化意识，实质就是我们的市场不仅要瞄准国内，更重要的瞄准国际市场。不仅要抓住传统性建筑工程项目市场，还应开拓新兴领域建筑市场，如房屋建筑工程的改造加固维保项目、生态环境保护项目、智能建筑项目、高铁工程项目、智能电网项目等多领域工程项目市场。

建筑企业经济高速度增长期所产生形成的狭隘性市场文化意识思想，经过较长时期的积淀，已在人们心目中烙下了深深的印记，要转换确立广阔性市场文化意识思想，仍需要我们精读中共十九大报告，把握我国经济发展战略；调查国内外建筑市场现状，把握我国经济发展走向；理解建筑企业高质量发展实质，把握企业市场发展重点。精读中共十九大报告，把握我国经济发展战略。建筑企业市场文化意识走向，某种意义上讲，是国家经济发展的晴雨表，国家重点发展什么，建筑业企业就将云集于某一方面，所以建筑企业要发展，必须学习研究党的方针政策，把握国家经济发展战略，产生或形成新的市场文化意识。深入调查国内外建筑市场现状，企业组织人员到国内外建筑市场考察，同时通过互联网大数据查询国内外主要建筑市场现状，通过现状调查分析，从而把握建筑市场走向使之转换产生新的市场文化意识。理解建筑企业高质量发展，主要是根据企业自身发展特点及其经营能力，围绕建筑企业高质量发展的质量第一、效益优先的基本原则，确立市场文化理念，从而更新建立企业经济高速增长期的狭隘性市场文化意识，转换为广阔性市场文化意识，适应建筑企业高质量发展要求。

## 第六节　质量文化

　　质量文化意识，是人们对一种产品的质量意识的看法观点。同种产品中不同的质量文化意识所制定的产品质量、档位、品质亦有不同。因为不同的质量文化意识，对质量要求及标准不同，因而结果不同。我国经济高速度增长期，人们对建筑产品质量的认识意识为经济高速度增长期建筑产品的质量文化意识。目前我国经济转向高质量发展阶段，在这阶段人们对建筑产品质量的认识为建筑企业高质量文化意识。

　　翻阅查看国内外史籍资料，围绕建筑产品质量文化意识主题，几千年的通用性建筑产品质量文化意识为相对单一性质量文化意识，突出产品寿命，注重产品外观，重视产品功能的质量文化意识，简言之，建筑产品寿命越长，建筑产品外观越美，建筑产品使用功能越好，其建筑产品质量越高的建筑产品质量文化意识，这是国内外几千年来形成的建筑产品质量文化意识。对这种通用性建筑产品质量意识，按照中共十九大精神，人们对建筑产品质量要求以及建筑企业高质量发展内涵来看，仍然存在建筑产品质量文化低俗性，建筑产品质量文化单纯性，建筑产品质量文化局限性等三个方面。建筑产品质量文化低俗性：传统性建筑产品质量文化仅从寿命、美观、功能三个要素确定的建筑产品质量文化意识，中共十九大精神要求应把现代互联网、大数据、人工智能等高新技术与建筑产品质量深度融合，可见其建筑产品质量文化有缺失。人们对建筑产品质量要求提出使用方便、健康舒适，而传统建筑产品质量文化缺乏。建筑企业高质量发展包含的质量要更为广泛，精度更加精细，而传统建筑产品质量文化缺失，所以相对于现在或未来建筑产品质量文化意识，传统性建筑产品质量文化存在低俗性。传统性建筑产品质量文化无论从中共十九大精神分析，还是从目前人们对建筑产品质量要求思考及建筑企业高质量发展内涵要求均为缺项，显现单纯。建筑产品质量文化局限性，这是围绕中共十九大会议提出的实现健康中国战略，着力解决突出环境问题，加大生态系统保护力度作出的结论，建筑产品质量文化应突出生活工作环境健康主题，并把保护生态环境作为考查依据，所以我国传统性建筑产品质量文化意识目前不够全面，具有相对局限性。

由于我国几千年来所形成的建筑产品质量文化意识思想存在低俗、单纯、局限三个缺陷，必须以中共十九大精神为指导，以人们对建筑产品质量要求为依据，以建筑企业高质量发展内涵为基础，高点定位建筑产品质量文化意识，简称建筑企业高质量发展阶段的建筑产品高位质量文化意识。建筑企业高质量发展阶段的建筑产品高位质量文化意识，是以建筑产品高质量长寿性为主体，以建筑产品应用健康舒适方便为中心，以建筑产品内在艺术精湛美观为本质，以生态绿色环保为重点的建筑产品质量文化意识。

要使建筑企业经济高速增长期的通用性建筑产品质量文化意识转变提升为建筑企业高质量发展阶段的高位建筑产品质量文化意识，这是一项系统工程，需合力而行，需要学习贯彻党的路线方针政策，精准理解建筑产品高位质量文化意识内涵；需要深化研究，调整现在建筑产品质量标准体系，构建符合高位建筑产品质量文化意识标准；需要深化改革，调整变更质量监管机制方法，构建高效严密建筑产品质量监管体系；需要强化宣传，树立典型，营造高位建筑产品质量文化意识氛围。培育系列性高位建筑产品质量群体，加速高位建筑产品质量文化意识建设。深化学习，贯彻落实党的路线方针政策，精准理解建筑产品高位质量文化意识内涵，并注重深化学习中共十九大报告中的基本思想，且应从全文统一整体性理解，注重深化学习全国两会精神以及建筑业管理文件精神，结合社会对建筑产品质量要求实际，组织开展集体学习与个人学习相结合，联系实际组织研究与讨论，全面精准理解建筑产品高位质量文化意识内涵。增强建筑产品高位质量文化意识性，需要深化研究，调整现有建筑产品质量标准体系。国内外现有质量标准体系，一般均以通用性建筑产品质量文化意识为指导，相应地其质量标准存在不足，所以国家建设行政主管部门，要大力度进行研究梳理现有质量标准体系，同时应组织发挥大专院校及企业作用，组织修订建筑产品质量标准。建设行政主管部门应对原来发布的关于建筑产品质量要求的文件进行梳理，并进行修正，推动建筑产品高位质量文化意识的提升。需要深化改革，调整变更建筑产品质量监管机制。目前我国建筑产品质量监督机制，采用了整体性监管与人为性监管方式，为适应建筑产品高位质量文化意识需求，应将整体性监管方式改变为专业性监管方式，将人为性监管变更为人为性与智能性相结合监管。保证建筑产品高位质量文化意识深入人心，需宣传树立典型，营造建筑产品高位质量文化意识氛围，国家及省、市、县建设行政主管部门均应开展建筑产品高位质量文化示范工程，同时新闻媒体应开办专题栏目，宣传介绍创建建筑产品高位质量文化示范工程经验做法等，推进我国建筑产品质量文化意识的转变。

# 第七节　安全文化

安全文化意识：是突出具体事物的发展过程，亦可产生风险危害及预控的文化认识。安全文化意识思想产生以人为基础，以物为目标，以发展为落脚点的一种文化意识，也就是安全文化意识。简单地讲，围绕每一事物的变化过程，所形成的共性风险危害的预控文化为安全文化意识。我国建筑企业在长期市场经济运营中，对企业发展可能产生的风险危害及预控方法的共性认识，为建筑企业基础性安全文化意识。

长期以来，我国建筑企业经营运行处在高速经济增长之中，所产生形成的建筑企业安全文化意识，突出建筑工程项目施工过程为主体的无人员伤亡为建筑企业安全文化意识。这种思想集中反映在施工过程中，围绕无人伤亡这个核心，而采用相当手段，这种企业安全文化意识称为建筑企业基础性安全文化意识。这种建筑企业基础性安全文化意识，不符合健康中国建设战略，不符合现代社会发展需求，不符合建筑企业高质量发展需求。建筑企业基础性安全文化思想不符合健康中国建设战略。中共十九大报告中提出了健康中国建设战略，由此可以说明建筑文化意识主体为工程项目建筑施工过程无人员伤亡，这是狭隘的，不全面的，健康中国建设体现在建筑企业安全文化意识思想上应更全面，应包括保障企业全员的健康安全等方面。基础性安全文化意识，不符合现代社会发展需求。现代社会发展对建筑企业的安全要求越来越高，现代社会安全要求不仅需要建筑企业采取措施，保障建筑工程施工过程人员生命安全，还需要建筑企业采取措施保障建筑施工过程人员及其相关人员的健康安全；不仅需要保障人的生命与健康安全，还要保障建筑施工过程的环境与生态安全，所以我国现有的企业基础性安全文化意识不符合社会发展需求，不符合建筑企业高质量发展需要。建筑企业高质量发展需要更大生产安全保障及环境安全保障等，还需要企业发展运行之中的金融安全、技术安全等全方位的安全。我国长期以来形成的建筑企业基础性安全文化意识思想不符合健康中国建设战略思想，不符合现代社会人们需求，不符合建筑企业高质量发展需求，需进行提升与发展。我国建筑企业基础性安全文化意识应以习近平新时代中国特色社会主义思想为指导，以现有基础性安全文化意识思想为基础，以现代社会人们需求为根本，以建筑企业高质量发展要求为重点，确定建筑企业高质量发展和高端性安全文化意识体系。建筑企业高质量发展阶段的高端性安全文化意识体系是以人的绝对安全为核心，以物的安全为基础，构建全方位、全过程的安全措施体系。

要使我国建筑企业从基础性安全文化意识根本上转变提升为高端性安全文化意识思想，必须调整安全管理组织机构、调整安全制度体系、调整安全技术体系、调整安全管理方法等四个方面。调整安全管理组织机构，要由少数人变成全员性管理，企业应建立专门安全管理机构，层层设置全员参与的管理组织体系。调整安全制度体系，在安全制度上应增加环境安全管理制度体系。调整安全技术体系，应对现有安全技术标准进行梳理，注重增加特殊气候环境安全预控技术指标和预控条款，增加环境安全技术指标和预控条款。调整安全管理办法，采用人为性与智能性相结合监控管理。同时加大行政监督与社会监督力度，并对建筑安全问题给予重罚处理。通过组织制度技术方法，调整更新转变建筑企业安全文化管理意识。

## 第八节　效益文化

效益文化意识是人们对每一项活动结果将可能产生的效果认识，与每一项活动结果的评价认识。但其不同时段，不同角度对每一活动结果将可能产生的效果认识与每一项活动结果的评价认识其效益思想亦不相同。对建筑企业来说，我国建筑企业经济高速度增长与建筑企业高质量发展阶段的效益文化意识思想亦不相同。建筑企业经济高速度增长期所形成的具有共性的活动效果评价认识为建筑企业经济高速增长期效益文化意识。建筑企业高质量发展阶段所产生形成的具有共性的活动效果评价认识思想为建筑企业高质量发展阶段效益文化意识。

我国从计划经济逐步走入高速度经济增长期中，其整个社会包括建筑业企业所形成的文化意识是以产值与利税为效益，也就是习惯意义上讲的直接性经济效益文化意识，这种直接性经济效益文化意识思想官方报纸与大小会议上，论效益就是看产值与利税，论英雄就是考核产值与利税。

直接性经济效益文化意识不符合中共十九大精神，不符合科学发展观，不符合高质量发展需求，不符合企业发展本质要求。直接性经济效益文化意识思想不符合十九大精神，习近平同志在中共十九大报告中提出："着力加快建设实体经济、科技创新、现代金融、人力资源协同发展的产业体系，着力构建市场机制有效、微观主体有活力、宏观调控有度的经济体制，不断增强我国经济创新力和竞争力。"直接性经济效益文化意识思想不符合科学发展观，科学发展观应为科学合理健康有序的发展。而直接性经济效益文化意识仅片面强调了直接性经济效益指标，实则忽视了经济发展指标及社会效益指标，其直接性经济效益文化意识是不完整的，是片面的。直接性经济效益文化意识不符合高质量发展需求，高质量发展需求是以质量第一、效益优先方针，而直接性经济效益文化意识，仅注重了直接性经济指标，忽视了质量指标和其他发展指标。直接性经济效益文化意识不符合建筑企业高质量发展要求，建筑企业发展不仅需要提升直接性经济效益，同时需要提升产品质量效益、企业技术人才效益、市场信誉效益等多方位效益，而直接性经济效益文化意识中没有，所以当前我国建筑企业高质量发展中，必须转变提升效益文化意识。

建筑企业高质量发展效益文化意识转换提升应以习近平新时代中国特色社会主义思想为指导，应以科学发展观为根本，应以高质量发展需求为基础，确立建筑企业效益文化意识。建筑企业效益文化意识应着力发展社会整体效益为主体，着力发展企业市场效益为根本，着力发展项目竞争效益为基础的多方位效益文化意识。其社会整体效益包括环境效益、生态效益、绿色效益等多方面。市场效益包括品牌效益、质量诚信效益等。竞争效益包括经济效益、人才效益、资源协同配置效益、技术创新效益等一个多维性效益文化意识体系。

必须进一步深刻理解习近平新时代中国特色社会主义思想本质精神，进一步完善市场质量竞争体系，进一步深化企业内部管理机制。坚持和发展中国特色社会主义，强化党的领导，坚持以人民为中心，建筑企业的效益文化，不仅包括发展企业自身效益，还应为社会、为人民创造效益，建筑企业人要深刻理解这个精神实质，在企业中应进行效益文化大讨论，在行业中应将这个效益文化思想贯串于行业自律之中，列入对企业资质评优考核条件之中，使建筑企业高质量发展中多维性效益文化意识在人民头脑中留下深刻印象。应该努力学习国内外能够使企业持续发展的经验，同时也应调查分析不少短命企业的原因。从调查中了解到其中大部分短命企业仅注重于直接性经济效益，忽视质量品牌信誉等效益的结果，我们应吸取教训，注入建筑企业高质量发展多维效益文化意识。从我国现阶段竞争体系中，可以领悟到我国目前市场竞争体系尚不完善，一些工程项目招标条件中注重企业资质等级与商务报价，并把商务报价作为第一要素，没有把质量第一、效益优先原则贯穿其中，所以应将质量第一、效益优先原则贯穿在工程项目招标文件之中，强化考核资源配置、技术创新，促进企业高质量发展多维性效益文化意识的形成。深化企业内部管理机制，要将人才技术质量纳入企业管理机制中，调整不合理的股权结构，促进我国建筑企业高质量发展多维性效益文化意识形成。

建筑企业高质量发展关键在于文化意识的转变，并着力于动力、人才、管理、经营、市场、质量、安全、效益文化意识的转变，把我国建筑企业人的基本文化意识统一到新时代中国特色社会主义思想本质的范围之中，为推进我国建筑企业高质量发展，实现中华民族伟大复兴的中国梦，提供适宜的中国特色的文化意识。

# 第十五章 建筑企业高质量发展基本队伍

建筑业持续健康发展基础是建筑企业高质量发展，关键是建筑企业高质量发展整体团队建设。

为此我们着力于建筑企业高质量发展团队建设这个主题，从构筑三高团队内涵进行界定，从三个团队内在关系进行剖析，从建筑企业团队建设历程进行归纳，从构建三高团队着力，从建设三高团队寻策，促进建筑企业高质量发展。

## 第一节 团队内涵

1. 建筑企业团队基本内涵，团队为一个单位群体组合，建筑企业团队是以一个企业为单位内的所属人群群体构成为企业团队，是管理团队、技术团队、操作团队三个团队的集合体。

（1）管理团队：从事企业管理与经营的群体为管理团队。管理团队从管理类别又可划分为行政事务管理团队，经营开拓团队。从管理层次上划分为决策管理团队，执行管理团队。从管理专业上划分：行政事务管理团队，财务管理团队，经营管理团队等。

（2）技术团队：从事企业技术工作群体为技术团队。技术团队从技术类别上划分，有勘察团队，设计团队，研发团队，应用团队等。从技术项目上划分，有房屋建筑技术团队，市政工程技术团队，绿化工程技术团队，水利交通技术团队等。从技术专业上划分智能技术团队，材料技术团队，施工技术团队，安装技术团队等。

（3）操作团队：从事建筑工程项目操作人员群体为操作团队。操作团队从工程项目类别上划分，有房屋建筑工程操作团队，交通水利工程操作团队，市政工程操作团队，园林绿化工程操作团队等。从专业工种上分，有浇筑工操作团队，木模工操作团队，机械工操作团队，钢筋工操作团队，安装工操作团队等。

2. 建筑企业团队建设基本内涵是指团队设置、调整、提升过程为团队建设。

（1）团队设置：当企业组建时，进行人员安排定岗定位，其人员安排定岗定位过程就是团队设置过程。

（2）团队调整：当企业在运行中，对原人员安排及其相关人员所定岗位进行内部调整，这个过程为团队调整。

（3）团队提升：随着经营目标、范围变化、社会经济变化、科学技术水平变化，原设置的团队，不能满足需要，所采取对现有团队人员实施培训、激励以及人才引进过程为团队提升。

3. 建筑企业"三高"团队基本内涵，是指以建筑企业为单位体内拥有高素质企业管理团队，高水平企业技术团队，高技能操作团队，构成建筑企业"三高"团队。

# 第二节　团队关系

"三个团队"构成企业整体，其"三个团队"之间具有相互促进与制衡关系，企业是否能够保障健康发展根本取决于三个团队三平衡协调运行。

1. 管理团队与其他两个团队之间的关系：管理团队在三个团队之中为主导性团队，对技术团队、操作团队是领导与被领导之间的关系，是管理与被管理之间的关系。而管理团队效果，是通过技术团队与操作团队来体现的。但管理团队目标效果等于或小于技术团队与操作团队体现效果，没有大于管理团队目标效果的，这种关系目标效果，称为目标管理效果差。由此可以推断管理团队综合素质及目标，主导着企业健康发展。

2. 技术团队与其他两个团队之间关系：技术团队在三个团队中处于中间位置，且技术团队一方面可以推动提高管理团队决策、执行及管理力，同时主体性发挥管理团队管理目标效果作用。另一方面能够指导操作团队，提高效率效能作用。所以技术团队对企业健康发展起着决定性作用，对管理团队具有引导作用，对操作团队具有指导作用。

3. 操作团队与其他两个团队之间的关系：操作团队是建筑企业三个团队中的从属性团队，从属于企业管理团队与技术团队，且为企业中的执行团队与企业经济效益创造团队，对企业可持续性健康发展起着基础作用，其管理团队的管理思想与技术团队的技术方法是通过操作团队来实现。

## 第三节　团队演变

建筑企业团队发展演变过程是随着社会发展而变化的，是随着科技发展变化的，是随着企业自身发展而变化的，所以建筑企业团队发展演变多样复杂。

1. 从我国社会发展变化看我国建筑企业团队建设发展演变：我国建筑企业团队变化经历了三次大的变革，翻开中国历史典籍，不难看出，我国在原始社会和奴隶社会阶段，当时没有建筑企业之说，仅为建筑工匠，由技能人牵头组建的技能团队，以技能为主体。封建社会建立了营造社，相当于现代建筑企业形式，这种团队组建是以经济为基础组建的团队，以经纪人为核心的团队。我国进入社会主义后，建筑企业团队建设变化又经历了三个阶段，新中国成立后，建筑企业团队建设为行政管理型团队，由政府组建建筑企业团队，以政治为核心配置团队。当我国进入市场经济后，以资本为核心，构成资本型建筑企业团队。随着市场经济发展完善，国际经济一体化进程推进，目前我国建筑企业团队建设正向技术密集型团队建设方向发展。

2. 从国内外经济发展看建筑企业团队建设发展演变：经济发展变化，推动了建筑企业团队变化，因为经济基础不同，人们对建筑物的需求不同。而建筑物需求不同，所要求的建筑企业团队不同。我国经济基础变化，从人们追求幸福指数方面来说，可以确定为保障性经济、舒适性经济、健康性经济、智能性经济四个阶段。所谓保障性经济，保障有避风挡雨场所，这个时期企业团队为劳动密集型组合团队。所谓舒适性经济，追求建筑物使用舒适，这个时期企业团队，应以为管理性组合团队。所谓健康性经济，追求建筑物应用不仅具有舒适性还具有健康性，建筑要能满足人民群众健康发展需要，这个时期企业团队应以为技术性组合团队。目前已经进入了以技术密集型的组合团队建设阶段。未来经济发展为智能性经济，满足人们的更高需要，建筑物将提供人们特别方便的生活，许多现在人工所做的工作将由智能设备或机器人完成，建筑企业团队建设将为高端性组合团队。

3. 从国内外建筑科技发展看建筑企业团队建设发展演变：国内外建筑科技发展可设定为三个阶段，简单性结构阶段、艺术性结构阶段、现代化装配智能结构阶段。简单性结构阶段建筑企业团队是以工匠群体为建筑企业团队，艺术性结构阶段是以综合性人才群体为建筑企业团队，现代化装配智能结构阶段是以三高人才群体为建筑企业团队。

4. 从企业发展阶段看建筑企业团队建设发展演变：建筑企业发展一般经历初创阶段、发展阶段、提升阶段（持续发展阶段）。初创阶段其企业团队为配置性团队，发展阶段其企业团队为调整性团队，提升阶段其企业团队为强化性团队。

从以上四个方面阐述了国内外建筑企业团队发展演变情况说明，我国现有建筑企业处在国际化竞争一体化阶段，处在经济发展满足人们健康长寿的经济阶段，处在建筑现代化装配智能结构性阶段，建筑企业团队建设目标应为"三高"团队目标，才能促进建筑企业健康发展。

## 第四节 团队构建

建筑企业"三高"团队构建应以确定构建原则为基础,确定团队定位为重点,确定建设路线为根本,努力构建建筑企业"三高"团队,促进建筑企业健康发展。

1. 建筑企业"三高"团队构建原则:坚持满足企业健康发展目标原则,坚持满足国际化竞争需求原则,坚持满足实施建筑产业现代化原则等三项基本原则。

(1)坚持满足企业健康发展目标原则:企业团队建设应坚持满足企业健康发展目标原则,按照企业发展趋向规模,经营范围、经营项目、配置与培养相适应的"三高"团队,如此才能保证企业健康发展。

(2)坚持满足国际化竞争需求原则:目前国内建筑市场开始萎缩,并有进一步恶化的可能,企业要生存、要发展,只有走出去。而走出去其基本的要求必须拥有符合国际化竞争的团队,这个团队应能够适应国际市场竞争需要,把握国际竞争的游戏规则,具有国际领先的技术与技能。建筑企业"三高"团队建设应坚持满足国际化竞争需求,才能在国际市场上立足。

(3)坚持满足建筑产业现代化原则:建筑产业现代化是未来国际建筑业的发展趋势,也是建筑业产业的一场革命,所以建筑企业"三高"团队建设必须适应这场革命,才能在建筑市场上立足。

2. 建筑企业"三高"团队构建配置:以 5000 人企业规模为基点;以 50 亿元施工产值能力为基数;以建筑产业系统经营项目为基调;以国际市场为基准,构筑配置高素质管理团队,高水平技术创新团队、高技能操作团队。其"三高"团队总体结构比例,可确定为 1:4:5 比例。

(1)高素质管理团队可设置总人数为 500 人左右,层次设置为企业管理层、区域管理层、项目管理层,三层比例可设置为

1：4：5。企业管理层50人，区域管理层200人，项目管理层250人。企业管理层中决策层可设置9人（高层），中坚层18人，其两层次人员中均具有通晓国际管理经营、法律法规及相关专业知识高端人才，且管理团队人员均具有极强事业责任心，具有极强管理能力与管理水平，是一支高素质的管理团队。

（2）高水平的技术团队：可设置为2000人，含科技研发，勘察、设计、质量、安全、施工、造价、法律、财务、咨询等专业领域，注册师人数应占50%以上，高级职称人数应占30%以上，研发人数应占15%以上，50岁以下人数应占50%以上，是一支技术精、专业配套、年龄结构比例合理的技术团队。

（3）高技能的操作团队：可设置2500人以上，包括浇筑工、安装工、机械工、电焊工、钢筋工、装潢工、装配工等，其高级技师占20%，高级技工占30%，其余占50%，平均年龄35岁，是一支技术熟、专业配套的高技能操作团队。

3. 建筑企业"三高"团队构建路线：建筑企业"三高"团队构建应按照企业规模确定→定员→编岗调配→定位→运行→调整→提升→完善的构建路线。

（1）规模确定：确定规模人数，确定工程量，确定经营项目，确定经营区域。

（2）定员：按照规模计算，用人总量，定高层岗位数、中层岗位数、基层岗位数、区域岗位数、项目岗位数、高层机构设置、中层机构设置、区域机构设置、项目机构设置、确定各机构人数，确定机构各类人才结构比例。

（3）编岗：编制各层次人才岗位及岗位职能，岗位工作量、岗位报酬、岗位考核办法。

（4）调配：现有人员调配换岗，招聘人员补岗。

（5）定位：定岗位，定责任，定报酬，定奖罚。

（6）运行：岗前培训，岗中运行，定时考核，检验效果。

（7）调整：岗位调整，招聘补充。

（8）提升：修正岗位设置，修正岗位结构、岗外培训。

（9）完善：完善岗位编制，完善岗位设置，完善考核机制。

按照建筑企业"三高"团队构建三项基本原则配置"三高"团队，并按企业"三高"团队构建路线进行构建。

## 第五节　构团举措

建筑企业面对建筑市场国际一体化竞争越演越强，建筑产业现代化强势推进，建筑业高端技术不断融入。建筑企业生存与发展空间越来越小的局面，促进建筑企业持续健康发展难度越来越大，建筑企业"三高"团队建设迫在眉睫，且建筑企业"三高"团队构建是一项系统工程，需合力而行。建筑企业"三高"团队构建，应以集聚挖掘现有人才为基础，应以快速培养人才为根本，应以超常规吸纳聘用人才为手段，应以重视尊重人才为动力，构建建筑企业"三高"团队，促进企业健康发展。

1. 挖掘现有人才：对企业现有人员进行调查摸底分析，充分了解现有人才的基本技术技能特征，并进行分类，挖掘主能作用，淡化包容次能作用，且对现有人才提档，压担利用，发挥现有人才作用，以现有人才配置为基础。

2. 快速培养人才：企业应将现有人才，通过重要岗位压担培养，通过选送骨干驻国家大型企业工作，实行挂钩培养，组织人员到国外企业院校深造，实行催速培养，努力提高现有人才水平技能素质。

3. 超规聘用特殊人才：企业应采用高薪、高职、高位聘用特殊人才，扩大人才队伍。

4. 重视尊重人才：企业应给人才位置，并尊重人才话语权、人才创新权，推动人才成长与发展。

综上所述，促进建筑企业健康发展，保障构筑"三高"团队。"三高"团队建设主要靠企业对现有人才重视利用，快速培养人才，激励人才提升，并通过循序渐进式优化人才组合，构筑"三高"人才团队，促进企业健康发展。

# 第十六章 建筑企业高质量发展基本机遇

尽管我国基本设施及房屋建筑在我国大中城市及发达区域趋向饱和，僧多粥少的局面已经显现，但我们研究分析，我国建筑企业高质量发展仍然存在很多的发展机遇，所以建筑企业必须在充分认识发展机遇、营造企业发展机遇、把握企业发展机遇三个方面着手。

## 第一节 认识机遇

充分认识建筑企业高质量发展机遇，应从国家政策导向上认识，从社会发展问题上认识，从社会发展趋势上认识。

1. 从国家政策导向上认识建筑企业高质量发展机遇。中共十九大报告在总结前五年工作中说："我们党团结带领全国各族人民不懈奋斗，推动我国经济实力、科技实力、国防实力、综合国力进入世界前列，推动我国国际地位实现前所未有的提升，党的面貌、国家的面貌、人民的面貌、军队的面貌、中华民族的面貌发生了前所未有的变化，中华民族正以崭新姿态屹立于世界的东方。"

国家政治稳定与国家综合实力基础是任何事业任何产业发展的基础，也是一种难得的机遇，所以我国建筑企业高质量发展目前正处在我国政治稳定、国家综合实力强、基础法治极好发展机遇之中。同时习近平同志在中共十九大报告中还说要"坚定不移""打虎""拍蝇""猎狐"以达到不敢腐的目标，为我们建筑企业高质量发展搬掉了拦路虎，营造了极好的发展环境。中共十九大报告中还提出实施乡村振兴战略、区域协调发展战略、健康中国战略、优先发展教育事业等重要精神，这些重要精神对建筑企业高质量发展来说，这无疑提供了发展机遇。

2. 从社会发展问题上认识建筑企业高质量发展机遇。在我国改革开放 40 年来，社会发展取得了很大进步，同时也出现了众多问题，特别环境污染严重，自然资源消耗量大，基础配套设施不到位，社会贫富差距加大等一系列问题，这些问题仍然需要党的方针政策的指导，还需要社会消化，这个消化过程就是建筑企业高质量发展的机遇过程。在处理环境污染上，我们可以从事环境污染治理项目，包括垃圾污水处理项目建设、绿化工程建设、河道水体污染处理工程建设、土壤净化工程建设等，提供了无限商机。同时自然资源消耗量大，必须进行非常规资源开发，给我们带来了非常规资源开发商机。社会贫富差距的减小，首先应在人民经济来源收入上消除，包括给我们建筑企业高质量发展带来了政策性发展机遇，同时还提供了市场机遇。所以我们建筑企业高质量发展中，要应用特殊性视觉与特殊性理念认识社会发展问题，社会发展问题越多越大，建筑企业高质量发展机遇越大，这是一个辩证统一的关系，也是国内外重大历史变革对建筑企业发展影响实践告诉我们。我国目前社会主要矛盾是人民日益增长的美好生活需求和不平衡不充分的发展之间的矛盾，全国人民将着力解决这个矛盾。我国建筑业企业在解决这个矛盾过程中有前所未有的发展机遇。

3. 从社会发展趋势上认识建筑企业高质量发展机遇。我国社会经济发展趋势可以概括为三大发展趋势，社会经济发展市场国际化趋势，社会经济发展质量高质化趋势，社会经济发展手段智能化趋势。从社会发展三大趋势来看，社会经济发展市场国际化趋势适应国际化需求，统一市场体系，我国政府以大国身份，着力推进国际一体化经济建设，并倡导成立亚洲基础设施投资银行，在实践中取得明显效果，国际经济一体化模式已见端倪，不远将来将会显现，任何单边主义思想都将被证明是错误的，国际经济一体化终将形成，这无疑为建筑企业高质量发展提供机遇。社会经济发展质量高质化趋势，经济高质化特征是建筑产品精品化，使用过程生态化。这个特征将为建筑企业高质量发展提供趋势性机遇。社会经济发展手段智能化趋势，其采用互联网、大数据、智能化手段发展经济。建筑企业高质量发展正处于经济手段智能化发展趋势，为建筑企业高质量发展提供了崭新的发展机遇。

## 第二节　营造机遇

建筑企业高质量发展机遇是党和国家政策给予的，是社会发展给予的，是社会发展趋势给予的，也是一种总体性发展机遇。而每个企业发展除有总体性发展机遇，还应营造发展机遇。

通过中国市场经济实践，借鉴国内外机遇发展营造方式及其经验，加上中国古代军事战争的谋略，从而综合分析，探寻了中国建筑企业高质量发展机遇。其发展机遇营造包括企业特能性机遇营造、项目特别性机遇营造，社会特需性机遇营造三个方面。

1. 企业特能性机遇营造，所谓特能性是企业一种特异性的机遇营造。特异性的机遇营造企业自身围绕一个目标，并注重在某一方面打造成一个具有特异性功能企业。比如说，一个企业在关键技术上拥有系统性专利和人才队伍，那么这个企业在这个方面就具有特能性，当与其他企业在此方面竞争时就有独特的优势。通过积淀，形成个性化的特征，其个性化特征通过提升与发展，不断保持，机遇就不断。当然企业也需要不断宣传这个特能性，才能更多获得发展机遇。

2. 项目特别性机遇营造，所谓工程项目特别性也就是每一类工程项目特别性结构或功能作用，这种工程项目特别性文化体现及其浪潮掀起务必会形成推动此类别工程项目流行。人们有一种跟风心理，这个风也就是机遇，这个机遇是人为营造的。我们在建筑界，建筑工程项目完全可以营造一种特别性建筑款项，掀起高潮，中国清华大学最近就房屋建筑设计了一款空中独门别墅。也就是打造第四代住宅的创意，将来或许就是一个新潮，给建筑企业高质量发展带来机遇。工程项目特别性机遇营造重点应着力营造新材料、新结构、新功能、新工艺等几个方面，当新材料、新结构、新功能、新工艺出名后，应加大力度进行造势，掀起追风高潮，从而制造建筑企业高质量发展机遇。

3. 社会特需性机遇营造：社会特需性机遇实质为社会特别需要性，社会不同时期，不同环境，人们的需求不同，人们对一种事物的需求倾向，则是相应事物发展的机遇。人们对建筑物同样在不同社会发展所求。原始社会中，人们把建筑物作为遮风挡雨栖息场所，如今人们把房屋建筑物作为生活休息场所，未来社会将把房屋建筑物作为人们娱乐养生场所。夏天建筑物应有隔热效果，冬天建筑物应有保温效果，台风密集地区建筑物应具有抗台风效果，地震频发地区建筑物应具有抗震效果。简单地讲社会发展过程中因自然界特征不同，其社会特需性不同。我们应抓住社会发展和自然变化需求，营造社会特需性发展机遇。当建筑物遭受台风破坏时，人们需求建筑物具有极强抗台风预控力，我们应按照人们的这种心理需求极力宣传推广抗台风建筑。当建筑物遭受地震破坏时，我们应大力宣传推广预控地震破坏性有效力的建筑。中共十九大报告中提出健康中国战略，我们应极力宣传建筑与人的健康关系，营造健康建筑氛围，为健康建筑提供发展机遇。另外举一例，在推广竹缠绕装配式建筑时，我们根据多数农村地区存在姑娘出嫁后除夕夜不能在娘家住的风俗，特别策划了一款名叫"姑娘家"的单体整体建筑，可以直接吊装到娘家旁的空地上，这样嫁出去的姑娘回来时可以作为自己的家来住，带着老公和孩子也方便，而且走后，父母可以用来当旅舍出租，贴补家用。这就是创造了一个社会特需性机遇，会带来不小的市场。通俗地讲应抓住社会政治变化及自然环境变化营造社会特需性发展机遇，宣传建筑物与其之间关系及其建筑物特征作用营造发展机遇。

## 第三节　把握机遇

充分把握发展机遇是我国建筑企业高质量发展的重要基础，决定我国建筑企业能否发展的关键。中国改革开放 40 年来市场经济的客观规律告诉我们，必须很好地抓住发展机遇，并从国家政策导向中寻找发展机遇，从自然灾害中寻求发展机遇，从社会发展趋势中寻找发展机遇，保证我国建筑企业高质量发展。

1. 从国家政策导向中寻找建筑企业高质量发展机遇，把握发展机遇。中共十九大报告中提出乡村振兴发展战略、区域协调发展战略、健康中国战略、环境保护战略、教育发展战略、持续对外开放战略六大主要战略，从六大战略中可以领悟到我们建筑企业高质量发展应瞄准乡村振兴项目、卫生健康项目、环境保护项目、文化教育项目及其国内重点市场和国际市场。同时按照市场需要，整合技术，整合装备，整合队伍，围绕战略重点，占领市场，进行发展。

2. 从自然灾害中寻找建筑企业高质量发展机遇，把握发展机遇。近年来全球气候变暖，环境不断变化，台风、地震、海啸等频繁发生，瘟疫传播严重，特殊性疾病发生率高，对照自然界的一切，建筑企业高质量发展时期应注意围绕抗风、抗震、抗洪、健康性建筑，并在这些方面进行技术提升、工艺提升，发展企业。

3. 从社会发展趋势中寻找发展机遇，把握发展机遇。中共十九大报告中提出，在本世纪中叶建成富强民主文明和谐美丽的社会主义现代化强国，形成人与自然和谐发展现代化建设新格局，这是社会发展的趋势，从社会发展趋势中不难找到我国建筑企业高质量发展的机遇，是满足人们美好生活需要，建设健康舒适、智能、绿色、节能、环保型建筑产品，并从企业组织建设、技术建设、装备建设、队伍建设上强化，把握建筑企业高质量发展机遇，为实现中华民族伟大复兴的中国梦而努力奋斗。

# 第十七章　建筑企业高质量
# 发展基本融合

建筑企业进入经济高质量发展阶段，最核心的问题要使有限的资金发挥最大的效用，并能很好利用社会资金，把金融风险控制在最小的范围之中，这当然是我国建筑企业高质量发展应该研究的基本问题。

最近我们通过学习中共十九大报告中，关于把大数据、互联网、人工智能与实体经济深度融合的精神。如何把大数据、互联网、人工智能与实体经济深度融合，建筑企业高质量发展中应把企业与金融和互联网实施三体融合。

建筑企业高质量发展中：建筑＋金融＋互联网实施，三体融合应研究构划基本内涵、基本作用、基本构架、基本步骤、基本举措等关键问题。

## 第一节　基本内涵

建筑金融互联网三体融合基本内涵是以建筑工程项目单位为对象，在项目单位建设施工过程中以资金流向控制为轴心，采用互联网平台为现代管理手段，控制发挥金融流通最大效应，同时发挥人才、技术、设备最大运行作用，确保建筑工程优质安全的管理模式。这种管理模式是以建筑企业与金融企业深度融合，共建互联网信息平台的一种方式，将公共互联网信息平台资源实施建筑企业与金融企业共享模式。

## 第二节　基本作用

构建建筑金融互联网三体融合平台，是深入贯彻落实党和国家方针政策精神的重要举措；是深化完善建筑金融信息管理体制的重要手段；是提升发挥建筑金融信息产业管理质量的重要战略；是把我国建筑金融信息产业做强的重要途径。

1. 是贯彻落实党和国家方针政策精神的重要举措：中共十九大报告中提出，协调绿色开放共享发展理念，加快创新型国家建设基本要求。建筑金融互联网三体融合构建，改革了传统性模式，把传统性人为性改为三体融合管理，这充分体现了深化改革的基本要求；建筑金融互联网三体融合构建，更有利于协调资源配置，提高资源利用率，降低资源消耗，并将现有互联网资源及社会资源实现社会共享，把建筑金融管理向社会开放，这充分体现了协调绿色开放共享的发展理念；建筑金融互联网三体融合构建，是应用现有国内外前瞻性技术，把建筑金融融入互联网平台之中，这充分体现了加快建设创新型国家建设基本要求，所以我们认为建筑金融互联网三体融合是贯彻落实党和国家方针政策精神的重要举措。

2. 是深化建筑金融信息管理体制改革的重要手段：目前国内外建筑、金融、信息产业为三个独立产业，且建筑、金融（银行）为独立性传统性产业，其建筑、金融以独立性企业为基本单位存在于市场运行之中。信息产业，虽然是一个新兴产业，更需加以改革推进。因为建筑金融互联网三体融合，将改变市场运行体制，我国建筑业不再单一性以企业为基本单位在市场经济中独立运行，而是以我国整个建筑产业或很大规模企业集团或若干个专业产业与金融产业共建互联网管理平台，实现规模集约化经营。金融业同样不再是单一性，以企业为基本单位在市场经济中独立运行，而是以我国某一行业为主体的金融单位在市场经济中运行。互联网不再仅为局部的，不成系统的虚拟单位存在于市场经济运行之中，而是以产业系统延伸扩展到整个社会之中，并把互联网信息平台作为一个产业的应用工具形式存在于市场经济运行之中，所以我们认为建筑金融互联网三体融合研究与运行将是我国建筑、金融、信息三大产业体制改革的重要手段；建筑金融互联网三体融合，其建筑、金融、信息三大产业管理制度将发生深刻变化，建筑行业、金融行业将从以企业管理为主体，变革为社会管理为主体。将从人为性管理为主体变革为互联网信息平台智能自动性管理为主体。互联网信息平台将从单一性，局部性对社会化项目管理为主体，变革为综合性、全面性管理为主体。所以说建筑金融互联网三体融合是深化建筑金融信息管理体制的重要手段。建筑金融互联网三体融合将转变建筑原材料产品、建筑产品、建筑金融资本流通渠道。建筑原材料产品流通不再是以实体经营销售或人工采购流通渠道，而是以建筑产品制作过程实际需要，实施互联网自动性、便利性流通渠道。建筑金融资本流通不再是用户需求申请性货币流通方式，而是由互联网信息平台主动性货币数字流通，包括材料货款、人工货币、税费等。所以我们认为建筑金融互联网三体融合是深化建筑金融信息管理体制改革的重要手段。

3. 是提升建筑金融信息管理质量的重要战略：建筑金融互联网三体融合是应用智能系统，互联网平台，对建筑企业工程项目施工过程进行系统性资金使用与流向，施工机械设备与材料及人员运行与使用，施工过程质量安全状态反应。所以我们认为这种管理为无情性管理，是任何管理模式无法比拟的，是提升建筑金融管理质量的重要战略，也是提升信息管理，发挥互联网优势的重要举措；建筑金融互联网三体融合，是由企业内部管理向透明开放社会性管理转变，能有效发挥社会力量进行管理，所以我们认为建筑金融互联网三体融合是提升建筑金融信息管理质量的重要战略。建筑金融互联网三体融合，是通过编制管理程序软件，把管理程序软件安装在互联网平台，是通过智能控制系统实施管理。这种管理应为精准定位无人管理，保证管理质量到位，这是人为性管理无法实施的，所以我们认为建筑金融互联网三体融合是提升建筑金融信息管理质量的重要战略。

4.是做强建筑金融信息产业重要途径：建筑金融互联网三体融合，其关键是能够强化管理，管理出效益、促发展，当管理达到一定水准，无可置疑能促进企业、产业做强。建筑金融互联网三体融合基本特征是应用互联网集聚全社会建筑金融资源共享平台，把零散资源进行聚合，构成强大的整体，如此提升建筑金融互联网强势作用；建筑金融互联网三体融合基本优势是资源合理配置，而做强建筑金融信息产业关键应有足够资源保障，所以我们认为建筑金融互联网三体融合是做强我国建筑金融信息产业的重要途径。

## 第三节　基本框架

建筑金融互联网三体融合基本框架设计，应注重基本原则设计框架、基本项目设计框架、基本系统设计框架、基本层次设计框架等四个方面。

1.建筑金融互联网三体融合基本原则设计框架：所构建的建筑金融互联网公共资源信息管理平台，是为我国建筑金融产业服务，所以设计的基本原则应以方便使用为原则。建筑金融互联网公共资源信息管理平台的目的在于强化建筑金融管理与建筑金融资源最大化共享利用，方便资源流通与互换，但最根本是管理，所以建筑金融互联网公共资源信息平台的设计，应突出管理为原则。建筑金融互联网公共信息管理平台尽管是公共透明，但各个基本建筑金融产业有其商业秘密信息，包括国家产业与企业商业秘密及技术秘密信息等，应层层设密保护，坚持信息安全为原则。

2.建筑金融互联网三体融合项目设计框架一般可设置：一级项目主要按工程项目类别进行设计，一般可设计为民用项目、工用项目、公共项目、市政项目、水利项目、交通项目、农业项目、环保项目、特殊项目等；二级项目一般按照项目要素设计，可设计为：项目策划、项目设计、项目施工、项目应用等；三级项目设计可按项目建设需求成分进行设计，一般可设计为项目资金、项目材料、项目机具、项目人员等；四级项目设计可按照项目合同及工程建设项目基本要求进行设计，一般可设计为项目质量控制、项目安全控制、项目进度控制、项目成本控制等。

3. 建筑金融互联网三体融合系统设计框架：主体系统可以企业为主体系统；子系统一般可以工程建设专业类别设计：可设计为民用建设系统、工用建设系统、公共建设系统、市政建设系统、水利建设系统、交通建设系统、农业建设系统、环保建设系统；子分系统一般可按要素性设计，可设计为信誉系统、人力系统、金融系统、安全系统、质量系统、材料系统、机具系统、投标系统、科技系统等。

4. 建筑金融互联网三体融合层级设计框架：一般按照我国行政层级设置，一般可设置国家层级、省部层级、市县层级、企业层级及项目层级等。

## 第四节　基本步骤

建筑金融互联网三体融合基本步骤：建筑金融互联网一体化管理模式构建应构划三个系统，开发三大软件，建设五库一台，设置三个窗口等基本步骤。

1. 构划三个系统：建筑金融互联网系统构划与常规性互联网系统基本相同。不同的基本特色是建筑金融互联网系统中国家层面的主机为上位主机，亦可为总主机。各省市县层面主机为过渡性主机，过渡性主机进行编号，基本单位主机为下位性主机，同时进行编号，从而构成建筑金融互联网系统。

2. 安装五个装置：当互联网系统形成后，各主机应配置信息发送装置、信息接收装置、信息传输密码通道、信息转换装置、信息储存装置等。为了信息发送接收有序进行，必须制定规则，进行运行协议，实施层次划分，形成网络体系结构。

3. 开发三大软件：目前国内外建筑金融互联网应用尚未形成系统完整性软件，主要应围绕三个方面模块软件进行开发。信息互换软件：比如 BIM 模型输入网络系统内自动生成工程项目所需材料、设备、资金、施工计划，再互换成材料厂家信息，各阶段材料信息；设备厂家信息，各阶段设备信息、各阶段资金使用信息等。信息处理软件：比如建设方在互联网信息系统中发布工程招标信息后能够自动处理形成区域内符合投标企业，并对符合投标企业进行自动排序。信息警告软件，当工程建设使用过程中出现违规违章或失控问题能够及时发出警告转输至客服等，为实施建筑金融互联网高效运行提供配套保证。

4. 建设五库一平台：参照住房城乡建设部构建的四库一平台模式，我们认为建筑金融互联网三体融合应设置企业基本信息库，并分设金融企业库、服务企业库、建材设备企业库、勘察设计企业库、施工企业库、物业管理企业库；应设置从业人员基本信息库，并分设技工人员信息库、技术人员信息库、管理人员信息库等三库；应设置建设工程项目库，并分设工业民用项目库、市政施工项目库、环境工程项目库、水利工程项目库、交通工程项目库、农业工程项目库等；应设置设备材料项目库，并分设设备库、材料库；应设置企业信用库，并分设工程业绩库、企业荣誉库、科技成果库、违章违纪处罚库；设置专有监管平台，并分设金融监管平台、质量监管平台、安全监管平台、材料使用监管平台、建设进度监管平台等，也就是说在住房城乡建设部设置的四库一平台基础上设置五库一平台。

5. 设置三个窗口：建筑金融互联网系统中，为实施全面监控科学管理，应设置工程项目资金流向窗口，对资金来源、资金流向，打开窗口清晰可见；应设置工程项目施工现场窗口，施工现场运行现状、现场应用摄像设备全方位反映在窗口上；应设置招投标窗口，工程项目招标、投标及其评价等过程现状及资料全部反映在窗口中，实施公开透明科学管理。

# 第五节　基本举措

建筑金融互联网三体融合，这是一项全新的系统性长期性建设项目，要确保建筑金融互联网三体融合顺利构建，并达到高效运行，必须强化组织领导，建立组织机构；强化技术研发，提高构建能力；强化资金投入，配置精良装置；强化政策引导，确保构建到位等重要举措。

1. 强化组织领导，建立组织机构：建筑金融互联网三体融合是一项重大工程，需合力而为，所以构建建筑金融互联网一体化管理模式关键性举措是强化组织领导，建立组织机构。强化组织领导，建立组织机构应由各级建设行政主管部门，会同中央各大银行，建立建筑金融互联网管理中心。各建筑企业、勘察设计企业、技术咨询服务企业、建筑机械制造企业、建筑材料生产企业共同参加的，为被管理与应用单位对象的管理组织网络。同时中央和省市县各级建设行政主管部门及参与的被作为应用管理单位均应配置专职管理工作班子及管理人员，使组织领导强化、组织机构健全，切实保证建筑互联网一体化管理模式构建到位。

2. 强化技术研发，提高构建能力：建筑金融互联网三体融合是一项全新的高端技术课题，这在目前国内外尚无先例，且国内外目前仍无完善的管理模式可以借鉴，系统尚不完善，软件尚且缺乏，需要我们强化技术研发，政府及企业与大专院校应立即集聚专业技术人员，加大研发力度，并把完善系统设置、系统程序、软件开发、系统应用作为建筑金融互联网一体化管理模式构建研究的关键性重点，尽快构建建筑金融互联网三体融合技术体系，为适应建筑金融互联网三体融合需求，提供有力的技术支撑。

3. 强化资金投入，配置精良装置：建筑金融互联网三体融合，这在国内外应为重大工程建设项目，也是关系我国建筑金融现代化管理与做强建筑金融信息产业关键性举措，该项工程必定耗费巨额资金。所以各级财政应加大资金投入力度，各相关企业应不惜血本投入资金，配置精良装置，进行技术研发。建议住房城乡建设部组织专人编制资金投入计划，按照计划要求，由住房城乡建设部统一管理资金，建立专有账户，实施全国性统一系统配置、统一运行模式、统一应用方法，把我国建筑金融互联网三体融合到位，从资金上予以保证。

4. 强化政策引导，确保构建到位：中国是中国特色社会主义国家，每一项重大工程建设，离不开中国共产党领导，离不开党的政策引导，建筑金融互联网三体融合亦不例外，所以强化政策引导非常重要。在建筑金融互联网一体化模式管理工程建设进程中，建议住房城乡建设部组织人员，尽快修改完善建设工程招标投标法律法规，工程建设企业资质管理规定，工程建设金融管理监控办法，建设工程项目施工质量、安全、进度管理办法，并重点把建筑金融互联网一体化管理模式列入建设工程管理各个环节之中。明确在不太长时间之内取消工程建设项目纸质招标投标。应用网络平台招标投标，取消直接性工程建设项目货币流通，实施数字化流通。弱化以人为监督建筑工程建设质量、安全、进度管理，实施网络化智能化管理，开创我国建筑金融管理新局面，把我国建筑金融信息产业做大做强。

总之，建筑金融互联网三体融合内涵深厚，作用非凡，基本框架已经明晰，基本步骤设计清楚，基本举措明确，我国建筑金融信息产业的从业者，应高举中国特色社会主义伟大旗帜，努力贡献行业的力量，为加快推进我国建筑金融互联网三体融合，为把我国建筑金融信息产业做大做强，为实现中华民族伟大复兴的中国梦而努力奋斗。

# 第十八章 建筑企业高质量发展基本格局

自古以来追求舒适健康完美的建筑是人们美好生活追求的梦想，科学技术越是发展，经济基础越是提高，工程建设要求越高。社会进入了后危时代，这个时代面临着环境污染严重、资源紧张、人口增长、社会需求提高等诸多因素。建筑将为形体艺术化、构体生态化、系统智能化、体验舒适化。但要实现建筑"四化"仍存在着理念、经济、物质、技术差异。所以实现"四化"建筑，需以科技创新为主体，并在建筑材料技术、建筑机械技术、建筑施工工艺技术、建筑产品设计技术上下功夫，最终实现建筑"四化"，建设"四化"建筑。

## 第一节 基本内涵

1. 建筑：研究范围以国际为整体性背景，从全人类角度思考，研究建筑。

2. 格局：可作方案，可作方法解，也就是一种方案制定的方法，这个方案，通常为一种设计，研究采用何种方法制造建筑物这个产品。

3. 发展趋向：通常人们思考的问题，按人们的思维定式来说，主要是思考研究未来。建筑格局，实质是研究探讨整个社会未来几十年后或上百年建筑成何种格局。

4. 建筑"四化"：主要是建筑形体艺术化、建筑构体生态化、建筑系统智能化、建筑感应舒适化。

5. 建筑形体艺术化：每一项建筑产品，通过设计师设计后，建设形成一幅优美的建筑图画、一件美妙的建筑艺术品。有着与众不同的个性造型，有着别致的风格、有着生态自然情调。由众多建筑物品交汇成一个庞大的建筑艺术海洋，使人们享受着无穷无尽的建筑艺术性乐趣。建筑是凝固的艺术。古埃及金字塔、德国彼得堡、中国颐和园……都是艺术品。

6. 建筑构体生态化：是指建筑时所思考应用的屋面墙体材料应为自然生态材料。这里所讲的生态材料以不破坏生态平衡为主体的材料，并以原生态材料为主体，且在建筑产品寿命终止后，能够自然降解或再使用的生态材料，使建筑构体生态化。古代人们创造的生态建筑为原始性生态建筑，亦称为朴素性生态建筑。如今的生态建筑，为高端性生态建筑。

7. 建筑系统智能化：智能化建筑是目前国际研究与发展的主题，更是未来建筑的发展方向。

8. 建筑体验感应舒适化：建筑感应舒适，主要是通过人体视觉、嗅觉、听觉、体感集中反映人们对建筑感受的舒适程度。建筑制造者通过感觉考察定位、考查人们对建筑物舒适度感受性定位，必要时通过仪器测试确定感受性，力求高端舒适化。

## 第二节　基本定位

1. 社会发展要求建筑格局"四化"：这个时代全球着力经济发展，整个国际经济将进入高质量发展阶段。高质发展中整个国际建筑要求亦产生很大飞跃，世界上绝大部分人以居住舒适、健康、美观、智慧为理想幸福生活。涵盖了建筑"四化"主要特征内容，与建筑"四化"相融合与统一。所以建筑"四化"源自于社会发展的必然要求。

2. 人口增长要求建筑格局"四化"：从联合国人口计划署提供的报告显示，目前全球人口总量约在 70 亿以上，预计至 2050 年世界人口将超过 100 亿。必然需要更多的建筑供人们生活需求，从人口增长的客观上要求建筑"四化"。

3. 资源贫乏要求建筑"四化"：全球性自然物质资源缺乏是一个不争的事实。资源乃人类生存之本，缓解资源供需矛盾，根本途径在于非常规资源开发与常规资源节约。而建筑格局"四化"则是应用非常规资源产品与常规资源技术改造的重要手段。

4. 环境保护要求建筑格局"四化"：近年来，全球气候环境变暖，自然灾害频发，给人们生存生活带来严重威胁和经济财产安全损失。实现住宅设计格局四个高端化目标，将自然生态材料应用于整个工程建设之中，则是节约能源消耗，减少 $CO_2$ 排放的很好办法，所以环境保护要求建筑格局"四化"。

建筑格局"四化"定位有着深刻的历史基础，现实基础，社会基础，但还存在一些制约因素。

## 第三节　基本因素

1. 物质缺位为根本因素：建筑"四化"实现的核心需要新的生态型材料，拥有新的新型生态材料机械设备，而目前国内外均缺乏或少见，这是制约的根本因素。

2. 经济落后为重要因素：有人说，钱不是万能的，没有钱是万万不能的。要建设生态化、智能化、艺术化、舒适化的建筑产品必然需要一定的经济投入，这个经济投入比常规建筑要多。据联合国第四十届联大通过世界住房日宗旨中说："全世界有 40%～50% 城市居民居住在贫民窟中，有 10 亿人缺少住房，至少有 1 亿人无家可归。"这说明整个世界还有较多人经济基础比较弱，不要说高端性建筑，就是一般性住宅建筑尚不能满足，与"四化"不相适应，存在较大距离，经济基础是制约的重要因素。

3. 技术滞后为核心因素：当前国际上计算机智能技术在建筑应用技术仍停留在初始阶段；机械空中运行定位技术未能形成；非常规性生态材料生产技术尚且不足；相配套的特殊性施工工艺

方法未见端倪……一系列技术问题尚未解决。所以建筑格局"四化"难以成形，"四化"建筑产品尚需努力。技术滞后阻碍了建筑格局"四化"实现进程，是制约的核心因素。

综上所述，建筑格局"四化"实现距离还较长，道路还很曲折，所以应科学构划实施策略。

# 第四节　基本策略

1. 以突破思想理念为基础：思路决定出路，理念决定行为，这是人类社会不变的真理，建筑"四化"格局构建，基础是思想理念突破。而思想理念突破应在浅意识、潜意识、深意识理念上突破。

（1）浅意识理念突破：浅意识理念是社会普遍人对事物的一般性认识。要使社会人对建筑"四化"格局构建有着一般性认识，并形成统一的共识，这就需要进行精心策划，构建组织，广泛宣传，使之深入人心，形成共识。

（2）潜意识理念突破：潜意识是人们对一种事物不自觉行为的反映意识，形成这种意识是人们通过长期理性理论浸染过程与切身感受所形成的一种认识，所以要在潜意识理念上突破，重点在于系统理论培训教育、逆向环境感受、顺向环境感受三个方面。

（3）深意识理念突破：深意识理念是人们对一种事物有着深刻理解与感受。深意识形成不是全面的，而是个性的、单一的。"四化"建筑格局是一个庞大系统、复杂系统、多数人不可能对"四化"建筑格局全面深刻理解与精通，只能从某一方面有着深刻了解。产生深意识理念在于接受单一性系统教育培训，实施单一性考察，进行单一性研究。

2. 以加大技术研发力度为主体：经济基础落后，实质就是科学技术落后，邓小平同志曾说过："科学技术就是第一生产力"，我们所构划的"四化"建筑格局与现实实施基础的差距，实质就是科学技术的差距。"四化"建筑格局主体问题应以加大技术研究力度为主体。

（1）政策支持：主要是导向政策支持、研发政策支持，应用政策支持等几个方面。

（2）经济支持：总体上讲，应能保证建筑产业科研项目研究及成果转化应用经费。实现国际化建筑"四化"格局，是一项长久性系统性研究课题，需要大量的资金支持。

（3）人力支持：推进建筑科技进步关键应建设一支强大的科技研究队伍，并实施全行业大众创新氛围，形成强势的建筑科技创新阵容，为了达到这个目的，应建立研究机构，集聚研究人才，培育研究人员，构建研究人才队伍高地。

通过政策支持、资金支持、人才支持产生或形成住宅建筑科技成果，为实现"四化"建筑格局提供可靠的技术支撑。

3. 以科学布局为手段：当经济技术发展至一定的阶段，并在理念确定的基础上布局是实现"四化"建筑格局的重要手段或为最直接性措施。建筑制造者们除具有"四化"建筑格局理念外，应在建筑艺术性、生态性、智能性、舒适性上下功夫。

以上构划了建筑"四化"格局实现的对策举措。"四化"建筑格局是一项长期的系统工程，我们所构划的对策举措，仅能起到抛砖引玉作用，供研究思考。

# 第十九章 建筑企业高质量 发展基本力点

根据中共十九大上习近平同志提出"贯彻新发展理念，建设现代化经济体系"主题的精神，建筑企业高质量发展中，应着力于理念大转变，体制大变化、市场大调整、人才大提升、技术大更新、管理大变革六个着力点。

## 第一节 理念转变

目前我国建筑企业不合时宜的思想观念，主要是企业利益固化的藩篱，突出性的以企业经济利益发展为主题，资源独享、方式陈旧、关系失衡。突出表现在低价中标、偷工减料、质量粗放等方面，这些理念思想均有违新时代发展理念，严重阻碍于建筑业持续健康发展，严重阻碍社会主义现代化强国建设征程，必须加以革除与转变，特别是我国的建筑企业家们思想观念转变，各级建设行政主管部门的思想理念转变，并将思想观念转变到习近平新时代中国特色社会主义思想观念上来，坚定不移贯彻创新、协调、绿色、开放、共享的发展理念，着力解决我国人民日益增长的美好生活需求和不平衡不充分的发展之间的矛盾，高举习近平新时代中国特色社会主义思想伟大旗帜，沿着全面建设社会主义强国新征程奋勇前进，着力保持建筑企业持续健康发展。

## 第二节 体制变换

按照习近平同志在十九大报告中提出，"加快完善社会主义市场经济体制。经济体制改革必须以完善产权制度和要素市场化配置为重点，实现产权有效激励，要素自由流动、价格反应灵活、竞争公平有序、企业优胜劣汰……深化国有企业改革，发展混合所有制经济，培育具有全球竞争力的世界一流企业"的基本要求，我国现行建筑国有企业应大力度吸纳民营资本，并主动与民营建筑企业——兼并与重组，优化市场化资本、人才、技术配置，打造国际一流企业。同时各级建设行政主管部门应大力度清理废除妨碍统一市场和公平竞争的各项规定做法，建立公平的市场体系和信用体系，促进建筑业持续健康发展。

## 第三节　市场转换

目前我国建筑企业面对的建筑市场是以国内市场为主体，并以在我国发达区域城市房屋工程项目为核心，这种市场格局，加深我国日益增长的人民美好生活需要与不平衡不充分的发展之间的矛盾，同时制约了我国建筑企业的健康发展。根据十九大报告中提出的"实施乡村振兴战略""加大力度支持革命老区、民族地区、边疆地区贫困地区加快发展，强化举措推进西部大开发形成新格局""要以'一带一路'建设为重点……"等要求，建筑企业市场方向应大调整；应从发达区域房屋建筑转向农村基础设施建设；应从我国东部沿海建筑市场向我国民族地区、边疆地区、贫困地区、东北老工业区等市场转移。应从国内建筑市场向国际建筑市场转入，实施市场转移调整。

## 第四节　技术换代

目前我国建筑业整体科学技术水平，仍然有部分企业停留在传统性人海战术施工技术水平上，并采用传统性湿作业为主体的操作方式，机械化率不高，现代化施工水平不高，这种方式方法不能适应新时代发展需求，并严重制约建筑业可持续发展。十九大报告提出："要瞄准世界科技前沿，强化基础研究，实施前瞻性基础研究、引领性原创成果重大突破。加强应用基础研究，拓展实施国家重大科技项目，突出关键共性技术、前沿引领技术、现代工程技术、颠覆性技术创新"的要求，建筑企业应在新材料、新工艺、新方法、新设备等方面实施全面性技术颠覆。着力从建筑机械设备上，在以人工性常规动力装置向智能性非常规动力装置过渡发展。从现场型为主体施工方法向工厂型为主体的施工方法过渡发展。从劳动密集型施工工艺向智慧密集型施工工艺过渡发展，并把现有国际国内尖端性国防航空技术、互联网技术、生物技术、智能技术、纳米技术融入建筑技术之中，使中国建筑技术达到颠覆性更新，成为全球性建筑强国。

## 第五节　人才提升

中共十一届三中全会以来，我国建筑业有了长足发展，建筑业人才水平、数量均有了很大的提升，能够基本满足建筑企业工程建设需要。但进入新时代后，建筑业将呈现建筑机械设备更新变化，原有建筑企业人才结构完全不能适应新时代变化需求。十九大报告中所提出的培养造就一大批具有国际水平的战略科技人才、科技强军人才、青年科技人才和高水平创新团队，作为建筑企业，需要大力度培养高层次企业管理人才，高层次建筑专业人才、高层次技工人才，构成由管理、施工、设计等各类国际级人才集聚的团队，达到人才大提升的总体目标。

## 第六节　制度改革

中共十一届三中全会以来，我国建筑企业采用现代化管理模式，实行董事会、监事会以及行政管理的管理框架，这种管理架构极大地促动了企业开展管理的积极性，但也出现了分配不公、违规运行等重大问题。所以习近平同志在十九大报告中提出完善政府、工会、企业共同参与的协商协调机制。根据十九大报告的这一基本精神，应按照中国特色社会主义制度设置管理模式，并注重建设企业党组织，强化党组织的领导作用，完善企业工会组织机构，发挥职代会作用，实施民主管理。同时应着力按资本、人才、技术等要素，分配机制，实施企业管理大变革。

综上所述，我国进入新时代后，建筑企业实施转型升级关键在于理念大转变、体制大变化、市场大调整、技术大更新、人才大提升、管理大变革，唯有如此方能实施建筑企业转型升级，促进建筑企业高质量发展。

# 第二十章　建筑企业高质量
# 发展基本结构

中共十九大习近平同志报告中提出："深化供给侧结构性改革。建设现代化经济体系，必须把发展经济的着力点放在实体经济上，把提高供给体系质量作为主攻方向，显著增强我国经济质量优势……"建筑企业应把研究策划建筑企业高质量发展基本结构作为重点。

研究建筑企业高质量发展基本结构，应注重分析我国建筑企业高质量发展基础结构基本问题。构建建筑企业高质量发展基础结构，归纳建筑企业高质量发展基础结构基本作用，策划建筑企业高质量发展基础结构实施的基本路径，提出建筑企业高质量发展基础结构基础保证。

## 第一节　基础结构

目前我国建筑企业结构可分为综合型企业、专业型企业、劳务型企业三类，以上三类企业在我国建筑经济发展中，担任着不同角色，均发挥了重要作用。随着国务院办公厅《关于促进建筑业持续健康发展的意见》贯彻落实，建筑产业现代化进程推进，现有的工程建设企业结构已经不适应国际化建筑产业竞争需求，不适应建筑产业现代化发展需求，不适应建筑产业科技发展需求。

1. 不适应国际化建筑产业竞争需求：国际化建筑产业竞争，通常企业结构，是实行国际工程总承包方式，从勘察、设计、构件制造、装配、装饰装潢为一体的集约型企业。或投资、咨询、勘察、设计、监理、招标代理造价为一体的服务型企业。

我国国有大型企业为什么能够在国际市场上竞争，主要其企业结构与国际接轨，符合国际竞争游戏规则。而一般企业尚不具备这种竞争能力。

2. 不适应建筑产业现代化发展需求：建筑产业现代化是整个建筑行业在产业内部资源优化配置，并把技术与经济、市场密切结合，目前多数工程建设企业结构尚不能将技术与经济、市场结合，不能更优化产业链资源配置，不能将建筑工业化向前端延伸，不能很好实施全程协调管理，不利于追究责任等现实问题。

3. 不适应建筑科技发展需求：建筑产业现代化发展，特别需要建筑科学技术支撑，我们应大力度进行建筑科学技术研究与技术创新开发。

## 第二节　发展基础

按照国务院办公厅印发的《关于促进建筑业持续健康发展的意见》中完善工程建设组织模式总体要求，我们应打破现有工程建设企业结构，构建全程系统性服务企业、全程系统性监管机构、全程系统性施工企业三种工程建设企业结构。由原来的建筑行业五大责任主体，变更为项目服务、项目监管、项目施工三大责任主体。

1. 建设系统性服务企业：将工程项目策划、咨询、勘察、设计、监理、招标代理、造价等服务，进行集聚，形成一体化，组建工程项目建设综合性服务企业，实施工程全过程咨询服务。

2. 建设系统性监管机构：将工程项目建设方、服务方、施工方纳入各级建设行政主管部门监管，并实施对工程建设资金来源与投入，项目前期策划、勘察、设计、构件生产、安装施工、工程项目应用、拆除全过程监督管理。组建建设工程项目的市场行为、质量、安全、建筑产品应用、物业管理的监督企业机构，实施全方位系统性监督管理。

3.建设系统性施工企业：发展总承包企业，将项目勘察、设计、构件生产及管线安装、装饰装潢，装配安装施工列入企业总承包范围，实施系统性制造装配施工。

## 第三节　基本作用

建设企业高质量发展结构，具有促进建筑业持续健康发展，提高国际竞争力作用；具有推进建筑产业现代化进程，提高工程建设项目管理水平作用；具有加速科技进步，提高科技成果应用效能作用；具有确保工程质量与安全，打造中国建造品牌作用。

1.具有促进建筑业持续健康发展，提高国际竞争力作用。通过服务企业重组配置，监管机构重组配置，施工企业重组配置，使我国监管机构、服务企业、施工企业资源配置更加优化，实力更加增强，所以更具竞争力，同时建筑企业高质量发展结构，符合国际惯例，有利于参加国际竞争，提高国际竞争力。

2.具有推进建筑产业现代化进程，提高工程建设管理水平作用。建筑产业现代化核心是应用现代化手段，将建筑业勘察、设计、构件生产、装配施工整为一体化的产业链，并实施工厂化生产、现场装配模式，通过企业重组，便于实施产业现代化，推进建筑产业现代化进程。从中国南通中南集团建筑公司实践证明这一实效。中南集团建筑公司，目前所承担的工程项目已经80%以上实现了建筑产业现代化施工管理模式，并取得了很好效果。中南集团建筑工程实践证明建筑企业高质量发展结构模式能够更好提高工程建设管理水平，因为建筑工程项目建设策划、勘察、设计、构件生产（管线安装、装饰装潢）、构件安装、物业管理为一体，减少扯皮，便于协调，能够更好提高管理水平。

3.具有加速科技进步，提高科技成果应用效能作用。因为科技成果研发、试验、示范、应用应在工程建设项目中运行，由于现行企业结构，把工程项目建设策划、勘察、设计（管线安装、装饰装潢）、装配施工分层分段进行。而科技成果试验，示范、应用涉及工程项目建设过程各环节，难以统筹协调各个主体单位，同时不利于技术保密，不利于发挥技术成果的最大价值。通过企业重组后，有利于在企业内部开展技术研发、试验、示范、应用，有利协调，有利保密，更能发挥技术成果价值，提高技术成果效能。

4.具有确保工程质量与安全，打造中国建造品牌作用。中国建造品牌打造重点在于工程建设质量、安全、舒适、健康、耐用、美观、快速几个关键性工程建设项目特征，特别是质量与安全。重组后的建设结构，符合建筑产业现代化需求，也是建筑产业现代化的机构，这个结构特征与打造中国建造品牌特征相一致，与建筑产业现代化基本特征相一致。

# 第四节　基本路径

构建建筑企业高质量发展结构，在建筑业界也是一项涉及面广，涉及人群多的系统工程，所以应慎之又慎，必须理清实施之路，其路径是法规制度调整，技术研发集聚，标准体系建设，监管体系构建，人才培养集聚，企业重组优化等过程路径。

1.法规制度调整：目前我国建筑产业政策还不适应我们所研究构划的工程建设三个系统性企业结构，实施这种结构体系，首要问题进行法规政策改革，并注重对现有法规体系调整、政策体系调整、制度体系调整等三个方面。

（1）法规体系调整：1）建议对《中华人民共和国建筑法》进行调整：建筑活动定义调整，原定义为各类房屋建筑及附属设施的建造和与其配套的线路、管线、设备的安装活动，这个定义既不全面，又不准确，应调整为从事工程建设监管，服务构件生产与装配为建筑活动；活动主体进行调整，原为从事建筑活动的施工企业、勘察单位、设计单位和工程监理单位应调整为建设行政主管单位、建设单位、专业服务企业、装配企业；章节项目设置调整，原设置的第三章为建筑工程发包与承包，第四章建设工程监理，第五章建筑安全生产管理，第六章建筑工程质量管理，以上四章应取消，重新设置为建设工程行政管理、建设工程企业管理、建设工程市场管理、建设工程行为管理或行政监管、市场、行为，在以上章节中应重点明确各方主体责任（行政、企业、建设单位）权利等规定。2）建议对《中华人民共和国招标投标法》进行调整：招标投标项目主体进行调整，第三条"在中华人民共和国境内进行下列工程建设项目、勘察、设计、施工、监理以及与工程建设有关的重要设备、材料等的采购必须进行招标"，应调整为"在中华人民国境内由政府投资的工程建设项目、技术服务、装配施工及重要设备、材料必须进行招标"。招标人主体进行调整，第八条"招标人是依据本法规定的提出招标项目的法人或其他组织"，应调整为"招标人是依据本法规定的提出招标项目的法人或授权委托的组织机构"。投标人主体进行调整，第二十五条"投标人是响应投标，参加投标的法人或其他组织"，应调整为"投标人是符合投标资格，并自愿参加投标的法人或自然人"。开标、评标、中标应进行调整，第三十四条"开标应当在招标文件确定的提交文件截止时间的同一时间公开进行，开标地点应当为招标文件中预先确定的地点"，应调整为"开标应当在招标文件确定的提交文件截止时间 20 分钟前，投标单位通过网上传输投标文件，实行异地远程评标，并在预定时间公开评审结果"。3）建议对《中华人民共和国合同法》调整，现行《中华人民共和国合同法》仅明确了甲乙双方主体责任，应调整增加合同履约第三方担保单位或担保人责任利益。

（2）政策体系调查 1）建议对《企业资质管理规定》进行调整：2015 年 1 月 22 日住房和城乡建设部令 22 号发布《建筑企业资质管理规定》，但现规定已不符合 2017 年 2 月 21 日，国务院办公厅印发的《关于促进建筑业持续健康发展的意见》要求，不符合建筑产业现代化要求，不符合完善工程建设组织机构模式要求，应进行调整。2）建议对《工程建设项目招标范围和规模标准规定》进行调整，该规定 2000 年由国家发展计划委员会制定颁布，其中招标范围与招标规模已与现在不相符。3）建议对《建设工程质量管理条例》进行调整，2000 年 1 月 10 日国务院令 279 号发布了该条例，应对建设工程定义、责任主体、基本建设程序等进行调整，与调整后的《建筑法》对应。4）建议对《建筑工程安全生产管理条例》进行调整。应对建设工程定义和责任主体等进行调整，应与调整后《建筑法》相对应。

（3）制度体系调整：制定相配套的市场管理制度，安全管理制度、质量管理制度，人才培养管理制度，技术保密管理制度等与调整后的国家法律法规相对应。

2. 技术研发集聚：既有技术体系已不适应建筑产业现代化要求，不适应完善调整后的工程建设组织结构模式，所以应加大技术研发集聚，并注重研究开发建筑产业装配技术、建筑主体与管线布设、装饰装修一体化构件制作技术，开发新材料、新设备，并将所研究开发的技术进行集成，应用于工程项目建设之中。

3. 监管体系构建：监管体系构建是完善工程建设企业结构的重要组成部分，其监管体系应分为三个体系，其一是行政监管体系，各级建设行政主管部门应优化建筑业监管体系，构建以市场为主体、安全为核心、质量为重点的三位一体监管体系，实施层级管理机制与定期督查管理机制。其二构建互联网监管体系，实施全程市场、质量、安全监督。其三构建第三方监管体系，发挥专业技术服务企业作用对建筑业诚信行为、质量行为、安全行为监管与服务。

4. 人才培养集聚：按照中共十九大精神和国务院办公厅印发的《关于促进建筑业持续健康发展的意见》以及建筑产业现代化发展要求，应注重培养集聚建筑业综合管理人才、综合技术服务人才、专业技术研发人才、装配技术人才（包括建筑构件制作人才与装配人才），以便适应工程建设组织结构模式及建筑业持续健康发展需要。

5. 企业重组优化：根据完善工程建设组织结构模式要求，建议我国建筑企业资质或可取消建筑装饰装修专业资质、水电安装专业资质，同时将取消建筑勘察专业、设计、监理企业资质，组建综合型总承包企业与专业型企业，专业技术服务型企业，应通过购买、人才采集方式进行企业重组、构建现代企业组织结构。如不能取消，也可弱化处理。

## 第五节　基础保证

建筑企业高质量发展结构构建是一项复杂性工程，也是建筑业深化改革的攻坚工程，必须具有坚强的组织机构基础保证、具有高度统一思想基础保证、具有行之有效的强硬政策基础保证、具有先进科学技术基础保证、具有各类高精尖人才基础保证方能构建工程建设组织机构模式目标。

1. 坚强有力的组织机构基础保证：组织保证是我国一切工作推进发展的核心基础保证，深化建筑业改革，建筑企业高质量发展结构创建，亦是如此，建议住房城乡建设部及各级建设行政主管部门应建立深化建筑业改革领导小组，担负起深化建筑业改革重任，制定改革方案，协调政策出台，指导推进建筑业改革工作与设置、实施工作，确保改革到位。

2. 高度统一的思想基础保证：意识决定行为，构建必须依靠高度统一的思想基础。所以各级建设行政主管部门要采用会议、论坛及新闻媒体宣传贯彻，国务院办公厅印发的《关于促进建筑业持续健康发展的意见》，表明建筑企业高质量发展结构构建的目的、意义、作用及具体方法，使建筑界全员思想高度统一，并充分认识到建筑企业高质量发展结构构建的重要性，使思想意识高度统一到建筑企业高质量发展结构构建轨道上来，实现建筑企业高质量发展结构构建目标。

3. 有效强硬的政策基础保证：政策和策略是工作的生命线，所以住房城乡建设部应在广泛调查和征求建筑界人士意见的基础上，尽快组织人员制定相关配套政策，保证深化建筑企业高质量发展结构构建有依据、有方法，推进目标实现。

4. 先进适应的技术基础保证：建筑企业高质量发展结构构建是建筑业发展达到一定程度的产物，是建筑技术达到相当水平的体现，来源于建筑技术的发展，建筑企业高质量发展结构构建仍然需要有广泛的先进适应的技术支撑。住房城乡建设部及各级建设行政主管部门应广泛发动全行业人们大力度研发建筑技术，建筑业科技工作者及高等院校应主动担负历史重任，努力构建新技术，为构建建筑企业高质量发展结构铺路。

5. 精干高效的人才基础保证：人才历来是社会生产力，构建建筑企业高质量发展结构关键是人才，需集聚相适应构建建筑企业高质量发展结构的人才，高等院校应集中组织培训适用人才，企业应大力度集聚需求人才，培养需求人才，各级行政主管部门应采取激励措施吸纳人才、提升人才、重视人才，努力培育一支精干高效人才队伍。

综上所述：构建建筑企业高质量发展结构，需要我们精心策划并充分认识构建建筑企业高质量发展结构作用，找准路径，快捷构建建筑企业高质量发展结构，同时应强化领导、注重宣传、开发技术、培养人才。

# 第二十一章　建筑企业高质量发展基本框架

习近平同志在中共十九大向全党全国各族人民发出"决胜全面建成小康社会，开启全面建设社会主义现代化国家新征程"的伟大号召，建筑业作为中国经济支柱产业，中国建筑企业高质量发展必须要按照习近平同志在中共十九大上所确定的总体性建设社会主义国家新征程，全面建成小康社会的时间部署及建设社会主义现代化强国阶段性目标路线图，构划建筑企业高质量发展蓝图与实施建筑大跨越的时间部署及其阶段性目标路线图。

## 第一节　框架设置

习近平同志在中共十九大报告中提出："改革开放之后，我们党对我国社会主义现代化建设作出战略安排，提出'三步走'战略目标。解决人民温饱问题、人民生活总体上达到小康水平这两个目标已提前实现。在这个基础上，我们党提出，到建党一百年时建成经济更加发展、民主更加健全、科教更加进步、文化更加繁荣、社会更加和谐、人民生活更加殷实的小康社会，然后再奋斗三十年，到新中国成立一百周年时，基本实现现代化，把我国建设成社会主义现代化国家。"十九大报告中这段内容，高度概括为我国社会主义建设第一步目标已经实现，勾画了我国社会主义建设时段及其目标定位。我们根据总体目标定位，构划建筑企业高质量发展蓝图，实施建筑企业高质量发展大跨越，也应分三步走。我国建筑企业随着我国解决人民温饱问题、人民生活总体上达到小康水平这两个目标实现，建筑企业实现了基本规模化经营、基本系统化施工、基本机械化作业。大幅度降低了劳动强度，大幅度提高了安全保障。在这个基础上，我们认为到建党一百年时，我国建筑企业经营高度规模化，施工高度快速化、作业高度智能机械化。然后再奋斗三十年，到新中国成立一百周年时，把我国建筑企业构筑成国际级强企，统领整个国际建筑市场，打造出中国建筑强国品牌。

## 第二节　战略布局

习近平同志在中共十九大报告中提出："从现在到二〇二〇年，是全面建成小康社会决胜期。要按照十六大、十七大、十八大提出的全面建成小康社会各项要求，紧扣我国社会主要矛盾变化，统筹推进经济建设、政治建设、文化建设、社会建设、生态文明建设，坚定实施科教兴国战略、人才强国战略、创新驱动发展战略、乡村振兴战略、区域协调发展战略、可持续发展战略、军民融合发展战略，突出抓重点、补短板、强弱项，特别是要坚决打好防范化解重大风险、精准脱贫、污染防治的攻坚战，使全面建成小康社会得到人民认可、经得起历史检验。"习近平同志这段讲话内容，科学谋划了"五个统筹"建设主体布局，提出了全面建成小康社会"七个战略"，突出了抓重点、补短板、强弱项三大主要问题。我们根据十九大报告中的精神实质，结合中国建筑企业特点，瞄准21世纪20年代的党的方针政策要求，建筑企业发展要求设置主体布局，并首先充分认识从现在起到二〇二〇年这个时段的重要性，构划建筑企业建设布局，制定发展战略，突出关键重点问题。建筑企业发展主题布局为紧扣新时代中国特色社会主义主要矛盾变化，统筹发展经济建设、政治建设、文化建设、社会建设、生态建设。其发展战略为科教兴业战略、人才强企战略、创新开发战略、内外融合战略、可持续发展战略。抓住关键重点，打好防范化解重大风险、污染防治、安全保障、质量保障攻坚战。着力进一步改善建筑业劳动强度，提高机械化、智能化施工水平，注重开拓国际市场，使我国建筑企业迈入世界第一方阵。

## 第三节 过渡力点

习近平同志在中共十九大报告中提出："从十九大到二十大，是两个'一百年'奋斗目标的历史交汇期。我们既要全面建成小康社会，实现第一个百年奋斗目标，又要顺势而上开启全面建设社会主义现代化国家新征程，向第二个百年奋斗目标进军。"十九大报告中这段简短语言，阐述了我国从十九大到二十大这个特别时期的关键性，也就是既要完成实现第一个一百年奋斗目标，还要开启第二个百年目标进程。作为在中国共产党领导下的中国经济支柱产业建筑业应鼎力配合党的要求，为实现第一个一百年奋斗目标与开启第二个百年奋斗目标进程努力奋斗，实现建筑大企向建筑强企顺利过渡，并把力点放在培育建筑高端国际性人才与开拓国际建筑市场两个关键力点上。

## 第四节 勾画蓝图

习近平同志在中共十九大报告中指出："综合分析国际国内形势和我国发展条件，从二〇二〇年到本世纪中叶可以分两个阶段来安排。第一阶段，从二〇二〇年到二〇三五年，在全面建成小康社会的基础上，再奋斗十五年，基本实现社会主义现代化。到那时，我国经济实力、科技实力将大幅跃升，跻身创新型国家前列；人民平等参与、平等发展权利得到充分保障，法治国家、法治政府、法治社会基本建成，各方面制度更加完善，国家治理体系和治理能力现代化基本实现；社会文明程度达到新的高度，国家文化软实力显著增强，中华文化影响更加广泛深入；人民生活更加宽裕，中等收入群体比例明显提高，城乡区域发展差距和居民生活水平差距显著缩小，基本公共服务均等化基本实现，全体人民共同富裕迈出坚实步伐；现代社会治理格局基本形成，社会充满活力又和谐有序；生态环境根本好转，美丽中国目标基本实现。"十九大报告中这段内容明晰了从二〇二〇年到本世纪中叶时段美丽中国目标蓝图，设置了我国经济、政治、文化、生活形象程度。这为建筑企业高质量发展提供了依据，指明了发展方向，同时也对建筑企业提出了要求。建筑企业根据十九大报告中提出的要求，围绕美丽中国建设这个主题，描绘建筑企业在美丽中国建设时段中蓝图为：我国建筑企业经济实力、建筑科技水平实力大幅提升，跃入国际前列；建筑企业人人平等参与、平等发展权利得到充分保障，法治行业、法治市场、法治企业完全建成。行业制度、市场制度、企业制度更加完善，行业治理体系、市场治理体系、企业治理体系及行业治理能力、市场治理能力、企业治理能力现代化基本实现，建筑企业文明程度达到前所未有的高度，建筑文化繁荣；建筑人生活宽裕，更多进入中等以上收入群体，建筑企业内部工资收入差距明显缩小，基本公共服务均等化全面实现，建筑人共同富裕格局形成，绿色生态建筑全覆盖，为美丽中国实现添加了浓墨重彩，达到中国建筑企业量质位居世界前列。

## 第五节　塑造形象

习近平同志在中共十九大报告中提出："第二阶段，从二〇三五年到本世纪中叶，在基本实现现代化基础上，再奋斗十五年，把我国建成富强民主文明和谐美丽的社会主义现代化强国。到那时，我国物质文明、政治文明、精神文明、社会文明、生态文明将全面提升，实现国家治理体系和治理能力现代化，成为综合国力和国际影响力领先的国家，全体人民共同富裕基本实现，我国人民将享有更加幸福安康生活，中华民族将以更加昂扬的姿态屹立于世界民族之林。"十九大报告中这段内容，采用朴实语言，勾画了我国强国目标形象，简要说明我国五个文明协同发展提升，描述了人民美好生活状态，凸现了我国国际地位。这段讲话给我国人民极大的鼓舞和力量，也给我们建筑企业人极大鼓舞和力量，作为我国国民经济中的支柱产业，建筑业应乘美丽中国建设之风，乘中国开启强国建设之风，贯彻落实习近平同志在中共十九大报告中这段讲话精神，并同时段设计中国建筑强企形象，到那时，我国建筑企业人才力量、科技力量、科技水平、建设速度、建设质量、建筑经济、建筑文化、建筑能力均居世界首位，全面形成中国建筑业高端化建筑艺术设计水平，高端化现代建筑施工水平，高端化智能建筑产品水平，高端化建筑材料生态水平，成为立于国际建筑舞台中央的建筑强企。

综上所述，学习贯彻落实习近平同志在中共十九大报告精神实质，主要是充分理解三步走三步构架，决胜期决胜战略，过渡期过渡力点，美丽中国蓝图，强国期强国形象，同时应按照十九大报告精神同步设计建筑行业三步构架、决胜战略、过渡力点、美丽蓝图、强企形象，把贯彻十九大报告精神落到实处，为实现建筑大国迈向建筑强国提供决策依据。

# 第二十二章　建筑企业高质量 发展基本政策

我国经济已由高速度增长阶段转变为高质量发展阶段，相应地建筑企业进入高质量发展阶段，这个阶段，我国建筑企业将面临相应政策调整，并将发生深刻变化。针对政策变化，对企业应处理的几个关系进行了研究。

## 第一节　变化因素

建筑企业高质量发展阶段政策变化原因主要是党的政策导向变化，应转变对建筑企业高质量发展阶段政策调整；总结我们改革开放以来几十年经验，从中发现一些政策尚不符合新时代基本发展要求，应调整变化政策；我国建筑企业高质量发展需要变化，应调整对企业的政策等三个方向原因。

1. 党的政策导向变化，必须调整。中共十九大报告中阐述了新时代中国特色社会主义思想，确定了坚持党对一切工作领导，坚持以人民为中心的思想。这个报告思想彻底改变了长期以来以企业经济统治思想，以经济建设为中心的思想，以多种制度发展企业的思想。跟随党的政策思想导向的变化，调整建筑企业高质量发展政策，否则与党的政策导向相抵相背。

2. 改革开放以来的经验告诉我们，必须调整建筑企业发展政策。我国改革开放40年来，虽然我国建筑经济有明显增长，但一些建筑企业中少数人占据了很大部分的经济利益，而大部分人未能充分享受改革开放成果。同时这样的企业的科技水平、科技能力未能很快发展，且建筑产品质量有所下降，建筑安全事故屡现不止，针对改革开放中出现的众多问题，建筑企业高质量发展阶段，必须调整变化政策。

3. 建筑企业发展性质变化，应调整政策。十九大报告中作出我国经济已由高速增长阶段转变为高质量发展阶段的科学论断，相应我国建筑企业发展也由高速发展阶段转变为高质量发展阶段，这决定着建筑企业发展性质本质性变化。在我国建筑行业经济高质量发展阶段，国家的方针政策围绕经济高质量发展而制定，鼓励企业高质量发展。我国建筑企业应围绕高质量发展、持续健康发展这个主题，随国家对建筑企业发展政策变化而调整。

## 第二节　变化项目

依据国务院办公厅 2017 年 2 月 21 日印发的《关于促进建筑业持续健康发展的意见》提出的深化建筑业简政放权改革的基本内容，其政策变化内容项目是优化企业资质管理，简化类别等级设置，强化执业资格管理，加大责任追究力度；完善企业信用体系，建立项目担保制度；规范招标投标程序，简化招标投标手续。

1. 优化企业资格管理，简化类别等级设置，增加科技指标考量，减少审批流程，严格全程监管：2015 年 1 月 22 日中华人民共和国住房和城乡建设部令第 22 号发布《建筑企业资质管理规定》，同时 2007 年 6 月 26 日建设部颁布的《建筑企业资质管理规定》废止。从近年实践应用情况，该资质管理规定，仍须优化，（1）从简化类别等级设置上优化，（2）应从资质条件考量上优化，（3）应从减少审批流程上优化，（4）从企业运行监管上优化。具体优化内容值得建筑业各类主体充分讨论。

2. 强化执业资格管理，实施执业注册制度，发展执业个人事务所，设立执业保险体系，加大责任追究力度，实行责任终身制，包括对建设方的专业参与人。

3. 完善信用体系，建立担保制度，收集信用信息，进行定期信用评估，建设信用数据库。

4. 招标投标规范化，招标投标电子化，招标范围精准化，异地评标远程化，民间项目自主化。

## 第三节 变化步骤

建筑企业高质量发展阶段政策调整是一项系统工程，涉及面广，涉及群体范围大，是一项系统工程，必须周密部署，扎实推进，精心安排，我们认为应设置调查阶段、策划阶段、试点阶段、论证阶段、实施阶段共五个阶段。

1. 调查阶段：建议住房城乡建设部组织若干调查研究小组分赴全国各省、市、县、建筑企业、施工现场，并分别对各建设主体人群进行考察、调查，形成调查报告，掌握第一手资料。

2. 策划阶段：策划改革方案，研究制定减少行政审批项目，精简行政审批程序环节、强化管理项目、完善管理项目、优化管理项目等，同时对相关政策法规制定修订，形成比较详细的改革方案。

3. 试点阶段：建议住房城乡建设部应根据国务院办公厅印发的《关于促进建筑业持续健康发展的意见》中深化建筑业简政放权改革的总体要求，选择一个省市作为试点。各省应选择一个县（市）作为深化建筑业简政放权改革试点，通过试点积累经验做法，再在全国推广应用。

4. 论证阶段：经过国家及相关部门单位共同策划的方案与试点区域的成功经验，再次完善改革方案及相关配套政策，并在全国再次广泛征求意见基础上，形成终极改革方案和配套政策。

5. 实施阶段：当改革方案及配套政策出台颁布后，住房城乡建设部应组织若干督查组分赴全国各地，督查改革方案与配套政策实施情况及纠正实施中的问题，推动改革到位，政策落实，确保建筑业持续健康发展。

## 第四节 变化举措

建筑企业高质量发展阶段政策变化调整主要目的是促进建筑业持续健康发展，所以我们高质量发展阶段政策变化调整，应重点正确处理深化建筑业简政放权改革与建筑业发展关系、与企业经营关系、与建筑业人才关系、与建筑业质安关系、与建筑业招投标关系等方面。

1. 与建筑业发展关系：在深化建筑业简政放权改革过程中，各省市及地方各级政府应按照现行政策强化管理，推进建筑业发展，各建筑企业应按照现行政策与企业自身发展目标，发展建筑业。

2. 与建筑企业经营关系：在深化建筑业简政放权改革过程中，改革方案及配套政策未到位时，仍按现行政策方法进行经营。当改革方案及配套政策到位时，住房城乡建设部应设置2年缓冲期，保证平缓过渡。

3. 与建筑业人才关系：建筑业人才所取得的各类证书当建筑业简政放权改革方案及配套政策未到位时，仍然有效，当建筑业简政放权改革方案及配套政策到位时，可在一年中凭原来的相关证件换取相关证件。

4. 与建筑业质安关系：建筑业质量安全历来是建筑业发展的生命线，在深化建筑业简政放权改革中，当改革方案与配套政策未到位时，仍按现有政策强化质量安全与监督。当改革方案与配套政策到位时，按照新的政策强化质量安全管理与监督。

5. 与建筑业招投标关系：当建筑业简政放权改革方案及配套政策未到位时，可按现行政策执行，还可尝试对民营项目自主选择方法，尝试勘察、设计、材料构件生产、施工总包方法，尝试招投标电子化方法、远程网络评标法，当建筑业简政放权改革方案及配套政策到位时，应按方案及配套政策执行。

以上是我们根据中共十九大精神和国务院办公厅2017年2

月印发的《关于促进建筑业持续健康发展的意见》提出的建筑业
设置的改革项目、高质量发展中政策变化应处理的几个问题，供
研究参考。

## 第五节　资质变化

　　2017 年 6 月 1 日住房城乡建设部以建施函〔2017〕32 号发
布了《施工总承包企业特级资质标准》（征求意见稿）（以下简称
新《标准》）意见的函，我们通过召开部分建筑施工总承包特级
企业座谈会，并进行了一些调查、认真研读了原建设部〔2007〕
72 号《施工总承包企业特级资质标准》（以下简称原《标准》），
新《标准》与原《标准》变化思考如下。

　　**一、从新《标准》修订调整内容上进行理解**

　　新《标准》修订调整内容：总体来说标准简化，内容进一步
体现企业综合实力，减少资质申报弄虚作假空间，具体内容应为
以下几个方面。

　　1. 企业综合实力标准修订调整：原《标准》要求为企业注
册资本金 3 亿元以上，净资产 3.6 亿元以上，企业近三年上缴建
筑业营业税均在 5000 元以上，企业近三年银行授信额度年均在
5 亿元以上。新《标准》企业净资产调整为 6 亿元以上，企业银
行授信额度近三年调整为均在 10 亿元以上；新《标准》增加了
企业近三年营业收入均在 50 亿元以上，企业未被列入失信被执
行人名单，近三年未被列入行贿犯罪档案。同时新《标准》增加
了对申报公路工程特级资质企业，行业主管部门当期信用评价
等级为优良（AA 级或 A 级）；申报港口与航道工程特级资质企
业，近三年未被行业主管部门评为过最低信用等级；申报铁路工
程特级资质的企业，近三年在国家级信用平台没有严重失信行为
记录。

　　2. 企业重要人员标准修订调整：原《标准》中的企业经理的
任职条件，财务负责人的任职条件，企业注册建造师人数，企业

具有本类别相关的行业工程设计甲级资质标准要求的专业技术人员全部取消，只保留了企业技术负责人条件，但对企业技术负责人条件也作了相应调整，原《标准》要求技术负责人具有 15 年以上从事工程技术管理工作经历，具有工程系列高级职称及一级注册建造师或注册工程师执行资格；主要完成过两项及以上总承包一级资质要求的代表工程或合同额 2 亿元以上的工程总承包项目。新《标准》仅保留了 15 年以上从事本类别工程技术管理经历且具有工程序列高级工程师或注册建造师执行资格；主持完成过 2 项符合施工总承包一级资质标准要求的代表工程。

3. 企业科技进步水平标准修订调整：原《标准》确定企业具有省部级（或相当于省部级水平）及以上的企业技术中心，企业近三年科技活动经费支出平均达到营业额的 0.5% 以上，另外还规定了国家级工法、专利、国家科技进步奖或行业标准信息平台等标准要求。新《标准》除保留了企业具有省部级（或相当于省部级水平）及以上的企业技术中心，将原企业近三年科技活动经费支出平均达到 0.5% 以上，调整为企业近三年科技活动经费支出均达到营业收入的 0.8% 以上。

4. 企业工程业绩标准修订调整：原《标准》中规定的房屋建筑工程近 5 年承担下列 5 项工程总承包或施工总承包项目中 3 项。高度 100m 以上建筑物；28 层以上的房屋建筑工程；单位建筑面积 5 万 m² 米以上的房屋建筑工程；钢筋混凝土结构单跨 30m 以上的建筑工程或钢结构单跨 36m 以上房屋建筑工程；单项建安合同额 2 亿元以上的房屋建筑工程。新《标准》调整为建筑工程近 5 年承担下列 4 类中 3 类工程的施工总承包或主体工程承包，工程质量合格。高度 120m 以上建筑物；钢筋混凝土结构单跨 30m 以上（或钢结构单跨 36m 以上）的建筑工程 2 项；以工程总承包方或承建的单项合同额 5 亿元以上的建筑工程；高度 60m 以上的预制装配式建筑工程。关于公路工程原《标准》中近 10 年承担过下列 4 项中的 3 项以上工程总承包，施工总承包或主体工程承包，工程质量合格，调整为 5 类中的 4 类以上工程总承包、施工总承包或主体工程承包，工程质量合格；原累计修建一级以上公路路基 100km 以上，调整为 300km 以上；原《标准》中累计修建高级路面 400 万 $m^2$ 以上，调整为 1000 万 $m^2$ 以上；原《标准》中累计修建单座桥长 $\geqslant$ 500m 或单项跨度 $\geqslant$ 100m 的公路特大桥 6 座以上，调整后其他不变，仅为要求 18 座以上；原《标准》中单项合同额 2 亿元以上的公路工程 3 个以上，调整为单项合同额 6 亿元以上的公路工程 9 个以上。另外新《标准》中增加了累计修建单座隧道长 $\geqslant$ 1000m 的公路隧道 6 座以上，或单座隧道长 $\geqslant$ 500m 公路隧道 9 座以上。关于铁路工程、港口与航道工程、水利水电工程、电力工程、矿山工程、冶金工程、石油化工工程、市政公用工程均提高了工程数量，工程造价量、单体工作量等。

5. 企业经营范围标准修订调整，原《标准》中规定取得施工总承包特级资质的企业可承担本类别等级工程总承包设计及开展工程总承包和项目管理业务，同时规定了取得房屋建筑、公路、铁路、市政公用、港口与航道 1 项施工总承包特级资质和其中 2 项施工一级资质的经营范围以及取得房屋建筑、矿山、冶炼、石油化工、电力等专业中任意 1 项施工总承包特级资质和 2 项施工总承包一级资质经营范围。另外还规定了特级资质企业限承担施工单项合同额 3000 万元以下的房屋建筑工程。新《标准》规定中取消了限制性经营项目，取消了相关规定项目，规定为取得施工总承包特级资质的企业可承担本类别各等级工程的工程总承包，施工总承包和项目管理业务一条规定。

从新《标准》调整内容上理解认为：新《标准》与原《标准》结构层次没有变化，强化了企业资信能力，并将资信能力具体化、定量化，这便于考核界定。强化了企业技术负责人综合素质，明确了企业技术负责人任职条件。强化了企业工程业绩考量标准，并进行了专业性分类的考量标准，体现了具体化特征，便于操作运行，弱化了企业技术人员考核，弱化了科技水平定量考核指标，取消了设计要求，扩大了经营范围，应该说符合促进我国建筑企业健康发展，深化行政审批改革的总体要求。

**二、从新《标准》修订发布背景意义上解析**

1. 新《标准》修订发布背景，主要是全党转变作风预控腐败的政治背景；是简政放权，深化行政审批改革制度背景；是贯彻落实国务院办公厅印发的《关于促进建筑业持续健康发展的意见》精神背景；是推进社会公平公正诚信需求的市场背景；是通过广泛调查，集聚企业诉求的实际背景等几个方面背景。

转变作风预控腐败的政治背景：中共十八大以来，以习近平为首的党中央花大力气，从严治党，惩治腐败，取得了很大的成效。同时全党高度认识到惩治腐败不仅措施方法上严厉，思想教育上强化，同时应从体制机制上完善。作为全国建设系统要能更好地预控腐败行为发生，找准了以建筑企业资质管理为突破口，住房城乡建设部多次召开会议，认真分析了 2007 年建筑企业资质标准问题存在弹性较大，弄虚作假有着较大空间，所以 2017 年初，住房城乡建设部研究以全党转变作风，预控腐败行为为政治背景，以着力修订调整《施工总承包企业特级资质标准》为抓手，发布了建施函〔2017〕32 号《施工总承包企业特级资质标准》（征求意见稿）意见函，充分体现了住房城乡建设部转变作风的具体行为，预控腐败的重大决心。

简政放权，深化行政审批改革制度背景：近年来，中共中央深化制度改革领导小组召开了多次会议，制定了一系列的改革方案，尤其是简政放权，行政审批制度改革，且不少改革方案业已落地。针对全国建设行业原先诸多的行政审批项目，其中部分项目已经取消，诸多考核证件发放亦取消。自 2012 年以来，取消涉及建设行政审批项目 20 多项，取消涉及建设相关执业资格或资格证书 30 多种，原来的《施工总承包企业特级资质标准》不能适应简政放权、深化行政审批制度改革需求，且也不便于具体操作，住房城乡建设部为适应我国简政放权、深化行政审批制度改革需求，及时修订调整《施工总承包企业特级资质标准》。

贯彻落实国务院办公厅印发的《关于促进建筑业持续健康

发展的意见》精神背景：2017 年 2 月 21 日，国务院办公厅印发了《关于促进建筑业持续健康发展的意见》，要求深化建筑业简政放权改革，推进建筑产业化，促进建筑业持续健康发展，住房城乡建设部所发布的《施工总承包企业特级资质标准》（征求意见稿），就是在贯彻落实《关于促进建筑业持续健康发展的意见》精神背景中所制定的这个征求意见稿，并充分体现了简政放权，深化改革，推进建筑产业化的具体措施。

推进社会公平公正诚信需求的市场背景：自从党的十一届三中全会以来，我国从计划经济转轨到市场经济，在 40 年的市场经济运行之中，出现了诸多的不公平、不公正、失信行为，扰乱了市场经济秩序。原《标准》存在较大的作假空间，住房城乡建设部为了更好建立公平、公正、诚信市场秩序，并注重公平、公正、诚信这个核心，制定了新《标准》。

倾听企业诉求，利于企业发展实际背景；2007 年原《标准》颁布以后，引起了全国建筑界极大反响，通过几年的实际运行，也的确存在诸多问题，所以住房城乡建设部针对原《标准》曾作过 2 次修改与调整，尽管作了修改与调整，还有部分标准条款，仍限制企业发展、或与目前形势状况不相适应，所以住房城乡建设部通过组织专家学者在广泛调查基础上，集聚全国各地企业家及专家意见，形成了新《标准》。

2. 新《标准》修订发布意义：新《标准》修订发布对建筑施工企业的生产经营管理具有极其重要的引导意义，对建筑行业改革具有极其重要的深化意义，对建筑行业发展具有极其重要的促进意义。

新《标准》修订发布对我国建筑施工企业生产经营管理具有极其重要的引导意义：其一，新《标准》修订发布，必然意味着其他相应等级企业资质标准变化，必然在建筑企业中起到了一个极其重要的引导作用。其二，新《标准》集中反映了当前我国建筑市场竞争要素，也是施工总承包企业应达到的目标要求，对此将起到极其重要的引导性效果。其三，《施工总承包企业特级资质标准》调整变化，这对施工企业来说，其生产方式应将转变为精细化，经营方式转变为高端化，管理方式转变为规范化，否则将不符合新《标准》要求，由此可见，新《标准》修订发布对建筑企业生产经营管理具有极其重要引导意义。

新《标准》修订发布对我国建筑行业改革具有极其重要的深化改革意义：其一，资质仍然是我国目前企业进入市场的门票或条件，资质标准是规定进入市场的条件标准，其进入市场条件标准变革，必然对建筑行业相关要求发生连锁性变化，也就是要通过改革来实施。其二，新《标准》修订发布后，由于考核标准、考核内容发生变化，且取消了某些项目内容，必然起到拆庙赶和尚的效果，所取消的项目行政管理部门不再需要进行行政审定，促进了深化改革。其三，新《标准》审核审定通过住房城乡建设部四库一平台体现，简化程序，提高了效率，这是一项实质性改革，所以新《标准》修订发布具有重要的深化改革意义。

新《标准》修订发布对我国建筑行业发展具有极其重要的促进意义。其一，新《标准》中将工程规模及项目数量进行了提高，符合经济发展现状，使之促进企业向高端化发展。其二，新《标准》发布，将提高审批效力，简化程序，便于企业发展，所以具有极其重要的促进建筑业发展意义。

**三、从新《标准》缺陷问题上进行思考**

新《标准》与国家提出的发展的总体战略及市场竞争发展趋势尚有几个方面不相适应，值得商榷。

1. 施工总承包特级资质企业仍应定位为国家总承包最高层次方阵企业，既然是最高层次方阵企业，标准要求要高，应具有占领国际市场能力，参与国际竞争能力，所以在特级企业标准中应涵盖参与国际竞争的技术人才条件标准。比如通晓国际项目管理专业人才等。

2. 施工总承包特级资质企业仍应定位为科技型综合企业，当今整个国际社会的市场竞争应为人才、技术竞争，而不是资本竞争，所以应把企业人才、技术作为重要的考量标准，在人才问题上，我们认为仍然应将一级建造师人数、高级职称人数、职称人数、高级技师人数作为定量考核指标。在科技上不仅考量科技经费投入，重点应把科研成果作为定量考核标准，同时应提高技术中心等级，可设置为国家级技术中心，推进建筑企业发展。

3.施工总承包特级资质企业应体现先进性、引领性特征，在业绩考核中注重增加绿色示范工程、科技示范工程、BIM 应用技术工程、国际性工程项目等。

## 第六节　总包变化

中华人民共和国住房和城乡建设部于 2017 年 12 月 26 日发布了建市设函〔2017〕65 号《关于征求房屋建筑和市政基础设施项目工程总承包管理办法（征求意见稿）意见函》（以下简称《办法》），我们根据《办法》基本要求，进行了认真研读，并到相关建设行政主管部门与建筑企业进行座谈走访，根据我们的理解和座谈走访情况进行综述，特解析《办法》内容研定变化对策，提出建议意见，供各级建筑行业主管部门与建筑施工企业应用研究参考。

**一、解析《办法》内容实质**

《办法》制定有其特定的背景与深远意义，主体章目条款设置明晰，条文内容科学合理。

1.《办法》制定背景，该《办法》制定有其深刻的政治背景、有其特别的市场背景、有其社会现象背景等。

（1）政治背景。中共十九大报告中指出："坚决破除一切不合时宜的思想观念和体制机制弊端，突破利益固化藩篱，吸收人类文明有益成果，构建系统完备、科学规范、运行有效的制度体系，充分发挥我国社会主义制度优越性。"住房城乡建设部制定公开《办法》是贯彻落实中共十九大精神具体举措，是解决不合时宜体制机制弊端，突破利益固化藩篱，构建系统完备，科学规范运行举措的有效方法。

（2）市场背景。我国目前房屋建筑工程与市政基础工程市场运行方式均以咨询、规划、设计、监理、施工、管理单个性或称为独立性进行经营单位实施市场竞争，独立性进行运作，经过多年运作实践，构成相互扯皮推诿现象，严重影响工程项目质量安全管理，解决这个问题，通过工程总承包办法，是一个很好途径，近年来部分试点实施单位成功的实践经验和理论研究充分说明了这个道理。

（3）社会现象背景。目前我国社会普遍认为房屋建筑和市政工程总承包分别为设计总承包、施工总承包、咨询服务总承包、管理总承包等，把工程要素分裂开来，同时把工程项目质量、安全、速度管理风险基本或全部落在施工总承包企业。这种社会现象一方面加重了施工企业风险负担，并给工程质量、安全、速度带来极大的负面效果。同时设计单位为了推卸责任，过分加大保险系数，从而加大工程项目建设成本，延长施工周期，影响施工速度，这些问题现象只有通过规范总承包的内涵与管理办法加以解决。

2.《办法》制定意义，该《办法》制定及应用具有极其重要的政治意义、社会意义、经济意义等三个方面。

（1）政治意义：有利于强化党的领导，通过实施房屋建筑和市政基础设施项目工程总承包管理，便于党对工程项目集中性领导管理，并把党的领导贯串于项目建设全过程之中。有利于中国特色社会主义制度优越性发挥，社会主义制度优越性集中体现在社会集体力量与民主作用。通过房屋建筑和市政基础设施项目工程总承包管理，便于总体协调，调动各方面积极因素。有利于控制减少腐败，因为实施房屋建筑和市政基础设施项目工程总承包管理办法，减少了很多中间环节，从而减少了较多的腐败空隙与基础。

（2）社会意义：通过制定应用《办法》形成了系统性管理体系，解决了要素间扯皮现象，更好地明确责任，从而确保工程建设成本最优化，质量安全最大化的社会效果。

（3）经济意义：《办法》制定出台一方面将建筑资源合理整合，提高综合效益；第二方面减少中间层次费用提高效益；第三方面合理科学设计减少保守系数，降低成本，提高效率。

**二、研确《办法》实施对策**

本《办法》施行后，将对我国建筑业产生很大影响。为了适应《办法》施行影响变化，我国各级建设行政主管部门、各建设单位、建筑企业均应采取对策措施。我们通过认真学习，本《办法》征求意见稿研究制定实施《办法》相关对策。

1.企业（包括设计、咨询、施工）针对《办法》内容，制定企业对策：重点理解总承包工程基本内涵，了解工程总承包方式运用项目，熟悉招标文件内容，科学编制投标文件。把握总承包条件，提升综合能力。明晰总承包项目经理条件，充实总承包项目经理队伍。掌握风险分配，科学规避，配置项目组织机构，强化项目现场管理、明晰项目管理职责、理清责任主体、落实承包责任等几个方面。

（1）理解总包基本内涵，整合调整企业结构。工程总承包基本定义：根据本《办法》第三条规定是按照与建设单位签订的合同，对工程项目的设计、采购、施工等实行全过程或若干阶段承包，并对工程的质量、安全、工期和造价全面负责的工程建设组织实施形式。也就是总承包包括三大要素设计、采购、施工，缺乏其中一个要素均不能为总承包行为。住房城乡建设部发布的《办法》征求意见稿实质就是推行总承包形式。根据我国现有企业特征，必须立即着手组建工程总承包企业。施工企业应着力将设计企业整合到施工企业中来，构建总承包企业，应对总承包形式的基本要求。

（2）了解总包运用项目，构建总承包企业机制。本《办法》第六条规定："建设单位应当根据工程项目规模和复杂程度等合理选择建设项目实施方式。政府投资项目、国有资金控股或主导地位的项目应优先采用工程总承包方式，采用建筑信息模型技术的项目应当积极采用工程总承包方式，装配式建筑原则上采用工程总承包方式。建设范围、建设规模、建设标准、功能需求不明确等前期条件不充分的项目不宜采用工程总承包方式。"该条规定说明了总承包项目运用范围及其不宜采用总承包的项目。对此，应深刻把握企业结构和企业实力，参加投标、参加竞争。同时说明总承包项目形式是一种发展趋势，要适应这种趋势发展要求，着力构建总承包企业，提高企业发展能力。

（3）熟悉招标文件内容，科学编制投标文件。《办法》第十条规定，工程总承包项目招标文件一般包括基础资料、招标内容范围，招标人与中标人责任权利，分包内容，投标限价及其他说明，总承包企业应熟悉招标文件内容，针对性编制投标文件。为准确科学编制投标文件，企业应聚集投标文件编制人才，建立团队，并研究招标文件，对投标文件在提交前应组织专家进行论证，按照《办法》第十三条规定："招标人应当确定投标人编制投标文件所需要的合理时间。依法必须招标的工程项目，自招标文件开始发布之日起至投标人提交投标文件截止之日止，不应少于三十日；国家重大建设项目以及技术复杂、有特殊要求的项目，不宜少于四十五日。"本条规定尽管放宽的提交投标文件期限，但仍须把握时间要点，提高中标率。

（4）把握承包条件，提升综合能力。《办法》第十一条规定："工程总承包单位应当具有与工程规模相适应的工程设计资质（仅具有建筑工程设计事务所资质除外）或者施工总承包资质，相应的财务、风险承担能力，同时具有相应的组织机构、项目管理体系、项目管理专业人员，以及与发包工程相类似的工程业绩。工程总承包单位不得是工程总包项目的代建单位、项目管理单位、监理单位、造价咨询单位、招标代理单位，也不得与上述单位有利害关系的关联单位，招标人公开发包前完成的可行性研究报告、勘察设计文件的，发包前的可行性研究报告的编制单位、勘察设计文件编制单位可以参与工程总承包项目投标。"本条规定方面扩大了总承包竞争对象，常规习惯性参加总承包项目工程竞争对象仅为建筑施工总承包单位，而规定条件确定具有与工程规模相适应的工程设计资质单位，招标人公开发包前完成的可行性研究报告单位、勘察设计文件的发包前的可行性研究报告编制单位、勘察设计文件编制单位可以参与工程总承包项目投标。另一方面提高了总包项目工程招标门槛。规定要求相应的财务、风险承担能力，相应的组织机构、项目管理体系、项目管理人员、相类似工程业绩等综合能力。根据本《办法》第十一条中的规定，要求我们企业应着力增加注册资本金，完善企业内的管理组织机构，完善项目管理体系，吸纳项目管理人才，配置项目管理队伍，收集归纳工程业绩，打造提升工程业绩项目，提高综合能力，应对《办法》实施需求。

（5）明晰项目经理条件，充实项目经理队伍。本《办法》第十二条规定："工程总承包项目经理是指具备法律法规及本办法规定条件，并经工程总承包单位任命或者授权，在任命或者授权范围内负责工程总承包合同履行和项目管理的项目负责人。工程总承包项目经理应当具有工程建设类注册执行资格，包括注册建筑师、勘察设计注册工程师、注册建造师、注册监理工程师，或者具备工程类高级专业技术职称，熟悉工程技术和总承包项目管理知识以及相关法律法规，具备较强的组织协调能力和良好的职业道德，担任过与拟建项目相类似的工程总承包项目经理、设计项目负责人或者施工总承包项目经理。"建筑企业为应对本《办法》实施，对总承包项目工程条件变化需求应注重集聚拟定总承包项目经理人才，同时应对所集聚的总承包项目经理人才进行系统培训，并把可以拟定总承包项目经理人才充实配置担任总承包项目经理或项目副经理岗上历练，扩大总承包项目经理队伍。

（6）掌控风险分配原则，科学规避风险损失。本《办法》第十六条规定了发承包方的风险分配。规定建设单位提出的建设范围、建设规模、建设标准、动能需求、工期或质量要求调整。工程材料价格波动超过合同约定幅度部分，国家政策性价格变化，难以预见的自然灾害、不可预知的地下溶洞、采空区或障碍物等重大地质变化，其损失和处置费由建设单位承担。这一规定完全维护了总承包单位利益，在过去所有规定或文件中所没有的。但总承包企业必须掌握风险分配原则，科学规避风险损失，建设方提出建设范围、规模、标准、功能、工期、质量调整一定要有书面文件，并妥善保管文件原本。国家政策性材料价格变化应注意收集政策调整文件。不可预见自然灾害与不可预支地质变化均应与建设方及时沟通，并形成会议纪要，作为证据，规避风险。

（7）配置项目组织结构，强化项目现场管理。本《办法》第十九条规定："工程总承包单位应当建立与工程总承包相适应的组织机构和管理制度，形成项目设计管理、采购管理、施工管理、试运行以及质量、安全、工期、造价等工程总承包综合管理能力。"本《办法》第二十条规定："工程总承包单位应当在施工现场设立项目管理机构，设置项目经理以及技术、质量、安全、进度、费用、设备和材料等现场管理岗位，配置相应管理人员，加强设计、采购和施工协调，完善和优化设计、改进施工方案、实现对工程总承包项目的有效控制。工程总承包单位项目经理不得同时在两个或两个以上工程总承包项目上任职。"本《办法》第十九条、第二十条强调了项目管理机构配置、现场管理两大事项，针对两大事项，建筑企业应吸纳各类人才，组建完善的组织机构，确定以项目经理为主体的技术、质量、安全及其他相关专职人员、专职岗位及管理机构。针对项目特点、制定完善的项目管理制度，并对项目管理人员进行专业性系统性培训，采用传统方法与现代方法相结合的管理措施对总承包项目进行有效控制。

（8）理清责任主体，落实承担责任。本《办法》第二十六条～第三十一条均为工程总承包发承包方的责任。以上条款中分清了建设单位与总承包单位双方各自责任。对建设方的责任，总承包方应按工程具体情况发书面通知，并经建设方签字留存备案，避免责任不清。

2.发包方（建设单位）针对《办法》内容，制定发包方（建设单位）对策：重点是了解工程总承包方式，提前做好各项准备；明晰招标文件内容，制定招标文件；把握建设风险，提前制定预案；掌握建设责任，科学处理关系等几个方面。

（1）了解工程总承包方式，提前做好各项准备。本《办法》第六条，规定了工程总承包方式和适用项目。条款中规定："建设范围、建设规模、建设标准、功能需求不明确等前期条件不充分的项目不宜采用工程总承包方式。"本《办法》第八条规定，建设单位应当做好发包前的各项准备工作，确定建设范围、规模、标准、功能、投资限额、工程质量、进度等七个因素。为应对本《办法》第六条、第八条规定要求，发包建设方应提前进行地质勘查、水文测试、方案设计、可行性研究，确定七个要素后进行发包。

（2）明晰招标内容，编制招标文件。本《办法》第十条规定了招标文件编制内容，包括水文、地勘、地质资料、可行性研究报告方案设计等基础资料，招标文书、招标人、招标人权利书以及其他需要说明的问题。为了应对本条规定需求，发包方进行组织或委托咨询单位编制招标文件，对照《办法》要求，进行论证确定。

（3）把握建设风险，提前制定预案。《办法》第十六条，规定建设和工程总承包单位应当加强风险管理，在招标文件，合同中约定公平、合理分担风险。风险分担可以按照以下因素确定，建设单位承担的风险一般包括：1）建设单位提出的建设范围、建设规模、建设标准、功能需求、工期或者质量要求的调整；2）主要工程材料价格和招标时基价相比，波动幅度超过合同约定幅度的部分；3）因国家法律法规政策变化引起的合同价格的变化；4）难以预见的地质自然灾害、不可预知的地下溶洞、采空区或者障碍物、有害气体等重大地质变化，其损失和处置费由建设单位承担。以上明确建设单位所承担的风险项目范围，为了规避风险、减少风险损失，建设单位施工前，应认真审核方案，确保工程建设范围、规模、标准功能、工期、质量一次性到位。

在合同中应加大价格波动差距，同时对地质情况进行认真勘查，对特殊性灾害制定预案，减少风险。

（4）明确自身责任，科学处理关系。本《办法》第二十六条、第二十七条、第二十八条、第二十九条、第三十条规定分别确定了建设单位与总承包单位的质量、安全、工期、验收备案、资料移交等方面责任，建设单位对建设单位责任应充分明确，对就质量、安全、工期、验收备案、资料移交相关变更问题应主动与工程总承包方洽谈，形成书面文件，以便查考，减少矛盾。

3. 监管（建设行政主管部门）针对《办法》内容制定对策：主要是明确管理范围，建立监管机构，熟悉监督内容，把握监管关键等几个方面。

（1）明确管理范围。本《办法》第五条规定："国务院住房城乡建设主管部门对全国的房屋建筑和市政基础设施项目工程总承包活动实施指导和监督。县级以上地方人民政府住房城乡建设主管部门负责本行政区域内房屋建筑和市政基础设施项目工程总承包活动的监督管理。"其对策主要是理清职责范围，其他任何团体或个人无监管权限，并要清理其他单位的违法违规监督行为，确保住房城乡建设主管部门的权威性。

（2）建立监督机构。根据本《办法》第四章规定监管内容及管理事项，各级住房城乡建设主管部门内应设置建筑市场监管、安全监管、质量监管、信用监管、法规监管等部门，各行其职，实行监管。

（3）熟悉监管内容。按照本《办法》第三十二条规定，监管内容主要是招标监管，工程总包单位行为监管，合同履行监管，咨询单位咨询行为监管，质量监管，安全监管，竣工验收监管，并应根据监管项目，制定监管细则及程序等。

（4）把握监管关键。按照本《办法》第四章相关规定，各级住房城乡建设主管部门，重点实施安全及安全许可证发放管理，施工前期行业及施工许可证发放管理，信用管理及信用资料收集管理，质量终身质量监管，法律行为监管，行业自律监管等，并应研究制定监管方法手段等。

# 第七节　注册建造师变化

2017年7月24日中华人民共和国住房和城乡建设部办公厅发布了《关于注册建造师管理规定》（征求意见稿）的意见函，我们将这个《注册建造师管理规定》（征求意见稿）（以下简称为《新规》）。将2006年12月1日中华人民共和国建设部令第153号《注册建造师管理规定》（以下简称为《原规》）。我们对《新规》与《原规》分别进行了研读，并在到相关企业进行了走访基础上，进行解《新规》内容实质，析《新规》意义作用，谏《新规》意见之言。

## 一、解《新规》内容实质

《新规》与《原规》相比，其基本背景本质区别明显；管理程序有所简化；注册建造师权责明显扩大；监督管理更加强化等四个方面。

1. 基本背景本质区别明显。《原规》颁布时背景：其一，建造师这个职业在我国才刚刚提出；其二，行政职能尚处在强化完善之中；其三，中国建筑业处在高速发展时期。《新规》制定时背景：其一，建造师这个职业在我国建筑业界已充分了解，运行已有十几年；其二，行政职能有所弱化，特别是2017年国务院办公厅印发了《关于促进建筑业持续健康发展的意见》明确了深化建筑业改革，简政放权的基本要求；其三，中国建筑整个产业竞争更为激烈，由于我国现行的建造师职业背景，国家宏观政策背景、经济背景均发生了本质性变化。《原规》不能适应现代背景需求，所以应对《原规》调整修正。

2. 管理程序有所简化。其一，从审核注册建造师本质性程序上进行了简化。《原规》第七条、第十一条对初次注册人员取得一级建造师资格证书，凭注册建造师初始注册申请表、资格证书、学历证书、身份证明件、劳动合同、其他有效证明文件等，通过单位向单位工商注册所在地省、自治区、直辖市人民政府建设行政主管部门提出注册申请，省、自治区、直辖市人民政府建设主管部门受理后提出初审意见，并将初审意见和全部申报资料报国务院建设主管部门审批，符合条件的由国务院建设主管部门核发《中华人民共和国一级建造师注册证书》并核发执业印章编号。新规第七条、第十一条规定，取得一级建造师资格证书仅凭注册建造师注册申请表、身份证明、劳动合同，由聘用单位可向国务院住房城乡建设主管部门提出注册申请，也可向聘用单位工商注册所在地省、自治区、直辖市人民政府建设主管部门提交申请材料，符合条件的由国务院住房城乡建设行政主管部门核发《中华人民共和国一级建造师注册证书》。取得二级建造师资格证书，《新规》取消核发印章，其余要求与《原规》不变。其二，从审核注册时效上进行了提高，《原规》第八条规定初始注册需经 40 日，变更延期注册的需经 15 日。《新规》规定初始注册的仅需 30 日，延期注册的仅需 10 日，变更和注销的仅需 5 日。其三，注册有效期明显提升《原规》第十条规定注册证书与执业印章有效期为 3 年。《新规》第十条，规定有效期为 5 年，其注册建造师证书并推行电子证书。其四，对初始注册时效进行了放宽，《原规》第十一条规定，初始注册者，可自资格证书签发之日起 3 年内提出申请，逾期未申请者须符合本专业继续教育要求方可申请初始注册。《新规》第十一条规定，首次注册者，可自资格证书签发之日起 5 年内提出申请，逾期未申请者须符合本专业继续教育要求方可注册申请。从以上四个方面可以清晰地看到《新规》程序简化，时效提高，使用期提升，注册期放宽。

3. 注册建造师权责范围明显扩大。其一，能受聘一个企业，并按职业范围规模标准执行。《新规》第二十条、二十一条规定：大中型工程施工项目负责人和技术负责人不得由一名建造师兼任，二级注册建造师可在全国范围内执业。其二，执业权限扩大。《原规》第二十二条规定：建设工程施工活动中形成的关于工程施工管理文件，应当由注册建造师签字并加执行印章，施工单位签署的质量合格文件上必须有注册建造师签字盖章。《新规》第二十六条规定担任建设工程项目负责人和项目技术负责人的，注册建造师应当在工程项目相关技术、质量、安全、管理等文件上签字，并承担相应责任。其中担任项目负责人的注册建造师应当对工程质量终身负责。第三十条，第三款保证执业成果质量并承担相应责任，对工程质量终身负责。由此可见注册建造师，在新规之中权力更大，责任更大。

4. 监督管理更加强化。其一，行政管理更加透明:《新规》在监督管理一章中去除了《原规》监督管理一章中，违法违规行为、被投诉举报处理、行政处罚等情况，应当作为注册建造师的不良行为记入信用档案。增加了注册建造师信用档案信息由县级以上地方人民政府住房城乡建设主管部门或其他有关部门记录。其二，虚假注册处罚公开严厉：按照有关规定向社会公示。在法律责任一章中《新规》中对隐瞒有关情况或者提供虚假材料申请注册除保留了《原规》中不予受理，不予注册，1年内不得再次申请注册，还增加了作为不良记录记入诚信档案，取消了《原规》中并给予警告处分。《新规》中除保留了《原规》中对以欺骗、贿赂等不当手段取得注册证书的处罚外，还增加了作为不良记录计入诚信档案的处罚。其三，无证执业处罚并处罚企业：对未取得注册证书担任建设工程项目施工单位项目负责人，或以注册建造师名义从事相关活动的，《新规》中去除了《原规》中的并可处以1万元以下罚款，有违法所得的处违法所得3倍以下且不超过3万元罚款，保留了其他条款。增加了对聘用单位处以1万元以上3万元以下罚款。其四，取消了未及时变更处罚，增加了未按时注销处罚:《新规》中取消了《原规》中未办理变更注册而继续执业的处罚，增加了未按时办理注销手续的注册建造师的处罚。其五，对单位为申请人提供虚假注册材料的处罚更加严厉:《新规》中对聘用单位为申请人提供虚假注册材料的除保留《原规》中处罚条款，还增加了其不良行为记入信用档案。其六，不得有行为处罚更加精准：对注册建造师有违本规中不得有行为之一,《新规》中删除原有违法所得处以违法所得 3 倍以下且不超过 3 万元罚款,调整为有违法所得的处以 1 万元以上 3 万元以下的罚款。综上所述监管管理更加强化。

**二、析《新规》意义作用**

2017 年 6 月 1 日住房城乡建设部发布了《施工总承包企业特级资质标准》(征求意见稿)不久,于 7 月 24 日又发布了《新规》,这无疑在我国建筑行业中产生了很大的震动与影响,我们通过对《新规》与《原规》研究分析:《新规》的发布充分体现了住房城乡建设部转变作风的行为,简政放权的态度,深化改革的决心,并对建筑行业市场规范、技术进步、质安水准提升均具有很大作用。为建筑企业营造了良好的发展机遇、市场空间、政策环境。其《新规》的发布意义重大,作用非凡。

1.《新规》的发布体现了住房城乡建设部转变作风的行为,简政放权的态度,深化改革的决心。住房城乡建设部 2017 年 6 月 1 日刚刚发布了《施工总承包企业特级资质标准》(征求意见稿),于 7 月 24 日又发布了《新规》,间距时间仅为 54 天,时间之快,充分体现工作作风快的特点。将《新规》进行公开发布征求意见充分体现工作作风实的特点。其内容条款中,注重了管理程序、管理时效、实施公开透明,充分体现工作作风廉的特点。《新规》中对一级建造师注册申请受理,调整为向国务院住房城乡建设主管部门提交,也可向聘用单位工商注册所在地的省、自治区、直辖市人民政府住房城乡建设主管部门提交,并在其他相关条款中的管理权限相当一部分由县级以上人民政府住房城乡建设主管部门负责,充分说明了住房城乡建设部简政放权的明确态度。《新规》中允许二级注册建造师可以在全国范围内执业,取消省、自治区、直辖市区域障碍,同时对建造师执业资格证书推行使用电子证书,取消使用印章,项目负责人、技术负责人均须有建造师资格者担任,实行注册建造师,终身承担工程项目质量责任等,一系列举措均在《新规》中明晰,这充分反映了住房城乡建设部对建筑业改革的力度之大,改革的决心之强。

2.《新规》征求意见稿发布将对建筑行业市场规范、技术进步、质安管理水平提升产生很大影响与作用。《新规》中确定了一级注册建造师、二级注册建造师从事的职业范围，同时明确项目工程负责人与技术负责人均须注册建造师，二级注册建造师可在全国范围内从事执业，拆除省、自治区、直辖市区域障碍，实施了规范统一的市场竞争秩序。《新规》第三章执业明确地表明注册建造师执业空间更大，权力更大，责任更大，更显得注册建造师在建设工程项目中的重要地位，说明了注册建造师人才的重要，应重视人才。《新规》征求意见稿的发布，必将有利于推进建筑行业科技进步。《新规》中的第二十六条规定，担任建设工程项目负责人和技术负责人的注册建造师应在工程项目相关技术、质量、安全管理文件上签字，并承担相应责任，其中担任施工项目负责人的注册建造师应当对工程质量终身负责。第三十条明确了注册建造师履行义务，说明工程建设技术质量、安全管理保障措施，采用规定形式固定下来，并实施终身性保障，这对提高工程技术质量安全管理具有极其重要的作用，是一项以人为本的根本性举措。

3.《新规》征求意见稿发布，为建筑企业营造了良好的发展机遇，营造了良好的市场空间，营造了良好的政策环境。《新规》中拆除了二级注册建造师区域限制，取消注册建造师印章，推广使用电子证书，简化注册建造师审批程序，为建筑企业进入外地市场提供了发展机遇。《新规》中通过简化注册建造师审批程序，明确了注册建造师权责，透露出未来建筑市场竞争以人才技术竞争为主体。从《新规》中，可以清晰地领悟到住房城乡建设部给予注册建造师更大的执业空间，更大的权力空间，更大的责任空间，并强化了市场竞争主体从资本竞争向技术人才竞争倾斜过渡的良好政策环境。